U0114586

# 日佔時期的香港

（增訂版）

關禮雄——著

(01) 1941 年 12 月 13 日，日軍佔領九龍半島後，
第二三〇聯隊在彌敦道列隊向軍旗致敬。

02 日軍佔領九龍半島後，曾派軍官前往港島向港督楊慕琦招降。圖為部分前往招降的日軍合照。

03 灣仔區政所外貌

(04) 漫畫家筆下的白米小賣商

(05) 日佔時期的五圓軍用手票

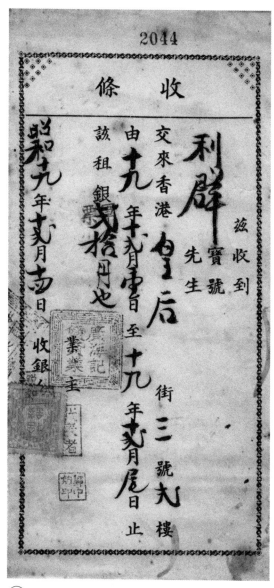

2044

收　條

利辟　先生

茲收到

交來香港　寶號

由十九年十九月雪日至十九年十九月尾日止

該租銀式拾丹也

昭和十九年十九月古日　收銀人

(06)　日佔時期的租單

**責任編輯**　　梁偉基
**書籍設計**　　孫素玲

書　　名　**日佔時期的香港（增訂版）**

著　　者　關禮雄

出　　版　三聯書店（香港）有限公司
　　　　　香港北角英皇道 499 號北角工業大廈 20 樓
　　　　　Joint Publishing (H.K.) Co., Ltd.
　　　　　20/F., North Point Industrial Building,
　　　　　499 King's Road, North Point, Hong Kong

香港發行　香港聯合書刊物流有限公司
　　　　　香港新界荃灣德士古道 220-248 號 16 樓

印　　刷　陽光（彩美）印刷有限公司
　　　　　香港柴灣祥利街 7 號 11 樓 B15 室

版　　次　2015 年 7 月香港第一版第一次印刷
　　　　　2021 年 10 月香港第一版第二次印刷

規　　格　大 32 開（142 × 210 mm）264 面

國際書號　ISBN 978-962-04-3784-7

© 2015 Joint Publishing (H.K.) Co., Ltd.

Published & Printed in Hong Kong

# 出版說明

　　關禮雄博士的《日佔時期的香港》是研究香港淪陷史的經典著作，享譽學界。本書初版於 1993 年，收入梁濤先生（筆名魯金、魯言）主編的"古今香港系列"，後來多次重印。適值今年是二次世界大戰結束七十週年，我們決定邀請關博士增補及更新內容，並以單行本形式刊行，以饗讀者。

　　這次增訂補充了不少有關戰爭前夕香港形勢及英軍部署的資料，讓讀者更全面地認識香港失守的原因和過程。同時，讓讀者加深了解"三年零八個月"期間，香港市民活在日軍鐵蹄下的黑暗經歷。古語嘗云："前事不忘，後事之師。"我們更加希望讀者透過本書認識到戰爭的可怕與破壞，以及對人性的扭曲，從而記取歷史的教訓，避免重蹈覆轍。

　　最後，要感謝高添強先生、周家建博士慷慨借出多張珍貴的日佔香港的圖片及資料，增加了本書的閱讀價值。

三聯書店（香港）有限公司

出版部

2015 年 6 月

# 目錄

# 第一章

# 日本躋身列強行列

## 對外擴張的歷史淵源

日本位於中國東北方，是一個孤懸海外的島國。這個國家由四個陸地板塊組成，從最北端至最南端算起來不下3,800 公里。在島國南邊遠洋，有一列疏落島嶼，斷續形成一個大弧形，南抵台灣北端。

千百年來，日本國民深受島國客觀環境的限制，自供自給的條件不足。為謀求生存發展空間，他們自有向外擴張及冒險的特性。早期的島民踏浪而來，動輒以掠奪為務。朝鮮半島毗鄰中國大陸，與日本一海之隔，因此成為向大陸擴張的跳板，長久以來亦是日本侵略的對象。

## 搖身一變加入殖民主義國家行列

19 世紀初葉以來，中國和日本同為歐美資本主義及殖民主義侵略下的受害者，先後受壓開啟國門。中國受苦在先、日本在後。所異者，在於中國固步自封，昧於世界形勢，儘管屢次割地賠款，半世紀以來毫不醒悟，仍自我陶醉於昔日的天朝奢華。日本民族性格則較為開放，能靈活地吸收歐美列強帶來的文化，毅然改變傳統國本，摒棄舊觀念,接受新的世界觀,進而與列強周旋。

日本銳意效法歐美列強,實行全盤改革。1867 年明治天皇登基,在一眾"尊皇攘夷"大臣的輔助下,在制憲、軍備、外交等方面銳意維新,成功為未來一百年的發展奠下基礎。凡此舉措成效極大,在不到四十年光景,便使日本從暮氣沉沉的東亞國家中脫穎而出,躋身世界列強之列。

日本雖擺脫了受害者的身份,但一翻身即變臉成為東方的侵略者,將苦難首先加諸其近鄰身上。維新之初,明治天皇在《宸翰》中便明確提出,日本對外方針是"開拓萬里波濤,佈國威於四方",這明顯揭示出日本要獨霸一方、對外擴張的野心。新政府取代幕府之後,一方面鞏固天皇的地位,另一方面積極扶持資本主義工商經濟,向西方學習。而日本要走的第一步,就是佔領鄰近地域。首個遭殃的是過去數百年都是中國藩屬的琉球群島。1879 年日本不動聲色,便悄悄地取代了中國宗主國的地位,據琉球為己有,置沖繩縣,視中國如無物。

併吞琉球之後,日本通過兩次大規模海戰,進一步戰勝了中國及俄國這兩個土地面積比它大很多倍的強鄰,令其國威大震,西方列強也為之側目。先是 1894 年的甲午海戰,北洋艦隊全軍盡墨,迫使清廷簽訂屈辱的《馬關條約》,割讓台灣、澎湖群島與附屬島嶼;接着在 1904 年對馬海峽戰役中,又殲滅聲勢奪人的俄羅斯遠東艦隊,不但奠定了日本在列強中的地位，同時鞏固其對南滿（中國東北南部）及朝鮮的控制，終於在 1910 年併吞朝鮮。

然而，日本不因為上述戰果而心滿意足，不僅沒有放棄其"大陸政策"，更漸漸形成兩套主要的擴張策略，分別是"北進"與"南進"的方針。所謂"北進"，就是通過朝鮮、中國東北向華北地區擴張，這策略得到陸軍一派支持。而"南進"，則是通過中國大陸往華南及南洋一帶推進、奪取英法美在亞洲太平洋地區勢力範圍的殖民地及資源，支持者以海軍為主力。上述兩者都是國家的最高策略，都是支持日本領土擴張的政策。

## 逐步地入侵中國

不論採取"北進"還是"南進"的方針，日本都以中國為首要的侵略目標。這是由於日本看準中國長期積弱不振、國內軍閥混戰的情況，因而積極在華擴展勢力。他們採取的行動除了武力侵略，還包括經濟入侵，以修築鐵路、貸款、開礦等手段奪取中國資源。1915 年袁世凱與日本簽訂的"二十一條"便是其中例子。

在日本制定的"大陸政策"下，併吞中國東北三省是首要步驟。因此，自 1920 年代以來，日本人便刻意扶植東北軍閥張作霖，又於國民革命軍北伐時製造"濟南慘案"，阻撓北伐，其目的都是要維持中國的分裂和衰弱，以便謀取在中國東北的利益。雖然 1928 年 12 月底張學良宣佈"東北易幟"，令全國得以統一；但日軍於 1931 年發動"九一八事變"，借機併吞東北三省。事後更大搞"滿蒙獨立運動"，1932 年在東三省成立所謂"滿洲國"，以示該地從統一的中國割裂出來，與中國沒有從屬關係。

日本帝國主義者不僅要吞併東北，而且還要以東北為基地，進一步擴大侵略戰爭，以實現其既定的"大陸政策"。因此，1931 至 1937 年間，日本在中國發動多次局部性入侵，包括 1933 年進攻熱河、察哈爾，迫使中國守軍退出熱河和冀東，滲入華北區域。

1937 年 7 月初，日本華北駐屯軍在北平城外進行軍事演習。7 日，日軍以一名士兵失蹤為由要求進入宛平縣城搜查，在遭到中方拒絕後，隨即向宛平城和盧溝橋發動進攻，史稱"七七事變"，標誌着中日全面戰爭正式開始。

在戰爭初期，日軍憑藉兵力優勢，迅速攻陷中國大部分沿海區域及城市，包括南京和上海。1938 年起，隨着日軍深入中國腹地，主要戰場轉移至華中、華南一帶。1938 年 6 月至 10 月，雙方爭持於武漢，爆發了抗戰以來規模最大的會戰。

日軍為了切斷中國從華南接受外援的交通，於是大舉南下。1938 年 10 月上旬，3 萬日軍從水路進擊，登陸距香港東北二十四公里的大亞灣，之後向西北挺進，不到兩星期便攻佔廣州市區，以及從化、虎門、三水、佛山、增城等地，第七戰區司令長官余漢謀敗退粵北。隨後，日軍持續對廣東中北部山區展開大規模進犯。

　　在日軍的攻勢下，深圳鎮早於 1938 年 11 月 26 日，與南頭、沙頭角等一同淪陷了。由於深圳毗鄰香港，日軍視它為進犯香港的基地，是華南的重要據點。1941 年 11 月，大量日軍已經集結深圳河北岸，不時向駐港英軍挑釁，準備進攻新界。戰爭的陰霾已逼近香港。

第二章

# 戰雲密佈的香港

# 戰雲密佈　時局動盪

　　1941 年，戰爭的陰影已籠罩着整個香港。遠在歐洲，德國早於兩年前和英法開仗。法國領土全給佔據了；英國也在風雨中飄搖，拼力招架德國的瘋狂攻勢，弄得筋疲力竭，幾乎再無餘力照顧海外殖民地了。

　　在亞洲，日本吞噬了半個中國，佔領了很多軍事據點。在西太平洋，日人已經認定了 A、B、C、D 是敵人，他們分別是美國人（American）、英國人（British）、中國人（Chinese）和荷蘭人（Dutch）。美國苦口婆心，想力挽狂瀾，勸喻日本停止侵略中國。英國政府卻相當圓滑，和中日雙方都維持着邦交，又努力的斡旋，企圖讓遠東的緊張局勢鬆弛下來。

　　英國在遠東的主要殖民地是馬來亞、新加坡和香港，另有在上海和天津的租界。如果東方解除了戰爭的威脅，對英國的壓力也大為減少。不過，英國首相邱吉爾早就作出了悲觀的估計，日本在太平洋發動戰爭，只是時間問題。

　　荷蘭本土雖然給德人佔據了，但荷屬東印度羣島的豐富天然資源，是日本素所覬覦的。而且，這一大羣島嶼，也就是進攻西太平洋其他地方的最佳跳板。

　　到 1941 年，廣州落在日本人手中已經三年了。港穗之間的交通，近乎斷絕。

離香港不過五十哩，在珠江口西岸的澳門，雖然仍是葡屬，但日人在那裏的影響力很大。幸好香港和澳門及廣東省西南端的廣州灣（即湛江市）仍舊維持水路交通。

在公海上，日軍的炮艇在遊弋着。香港的船隻通常都不敢越雷池半步。

深圳河的北岸，日本的哨兵在巡邏。三年以來，沙頭角、深圳、南頭一帶，中日雙方經常展開拉鋸戰，深圳也數度易手。每次衝突，遭殃的多數是香港人，因為日本的飛機，不時來到邊界以南的地方空襲。

縱使大戰的先兆還沒有很清楚的顯露出來，在形勢上，香港已經給日本團團的圍住了。

1941年，香港人口約有一百七十萬。而四年前，還只是在一百萬上下。1937年底上海、南京相繼失陷，和一年後武漢、廣州的易手，導致湧進香港的難民人數驟然增加約五十萬。這是香港難以負荷的。

大批的難民，帶來了極嚴重的社會問題，最主要的要算是居住，其次是糧食、醫療、衞生等。香港各有關方面，都為了救濟難民而疲於奔命。

安排難民的居住，傷透了港府決策者的腦筋。

一層五六百方呎的舊樓，以前是住十五至二十人的，現在得住上三四十人，有些還多達六十人！每家原來的居民，都收容了多名逃難來港的親友。這些難民已屬很幸運的了。

很多人由政府收容在港九、新界空地上臨時搭蓋的難民營裏。難民營供給起碼的衣、食、住和醫療、救濟、教育等服務。

最不幸的是擠不進難民營的人。他們露宿在山野地區、市區的騎樓底和街頭，雖然也受到若干的臨時救濟，但因老病致死，或者因營養不良而成為餓殍的，無日無之。

香港貯糧頗為充足；到了戰爭前夕，還是不虞缺乏。米糧和柴薪的供應和價格，都受到當局的統制。不過在動亂的日子裏，總有黑市的情形出現。暴增的人口，也使各項固有的安排失了平衡和預算。

## 當年的建築物

當年全港最高和最宏偉的建築物是上海滙豐銀行大廈（1935年落成），第二要數九層高，上面再加上一個鐘樓的告羅士打大酒店（俗稱大鐘樓），和高十層頂上有個尖塔的東亞銀行。

在中環區，有不少英國傳統形式的建築物，大都作商業或辦公室之用，都是龐然大物，但高度只在十層之內。有些大廈的名字今天已不復存在了，例如：書信館（即舊郵政局大廈）、香港大酒店、沃行、皇帝行、皇后行等等。有些是經過幾度拆建，歷盡滄桑，仍沿用着舊名的。如今碩果僅存的前立法會大樓（高等法院），在當時也是一幢極具特色的龐大建築物。

九龍半島，除了那壯觀的半島酒店和火車總站的鐘樓外，具有標誌性的高樓大廈並不多。

港九的民房多是三四層高。地面是店舖，樓上是住宅。差不多每一幢的騎樓都跨着行人路，在近馬路的一邊有一雙柱子支撐。街道兩旁的行人路也就是連貫的"騎樓底"了。這樣的街景在 1941 年隨處可見。

在較偏僻的地區，房子的高度不過是一二層。新界的小市鎮裏，幾乎全是一層高的小屋。

## 各區的發展情況

當年香港的人口，近半住在香港島。繁盛的地區是中上環、灣仔和西營盤，大都在島的北邊。跑馬地和半山是高尚住宅區。山頂的住宅，幾乎全是外國人的居所。銅鑼灣還沒有全面發展，到處是小崗小丘；北角更不用說了。今日的維多利亞公園，從前是避風塘。港口的岸綫，以干諾道和高士打道為界。筲箕灣和堅尼地城也有很多店戶。香港仔和赤柱是半郊區的市集。

九龍的人口，沒有香港的多。最繁盛的地區要數油蔴地和旺角。尖沙咀是西化地區，建築物較大，但很疏落。那一段的彌敦道，寬闊筆直，兩旁大樹婆娑；靠西的一邊，是軍隊的營房。其次，深水埗、官涌（即現在佐敦道一帶）、紅磡和九龍城，店舖也不少。九龍塘有很多別致的花園洋房。東北部的新九龍，是荒蕪地帶，人煙稀疏。

新界除了山嶺地帶外，便是農地、魚塘、村落和很小的市鎮；尚待開墾的荒地仍然很多。主要的小市鎮都是坐落在環繞新界的公路上。人口較多的有沙田、大埔墟、上水石湖墟、元朗、青山新墟、荃灣等。西貢則是新界東部的漁港。長洲是一個離島的漁港。大嶼山和南丫島沿岸有零星的漁村。當年署理港督（Acting Governor）岳桐中將（Lieutenant-General E.F.Norton）說當時的大嶼山，和一百年前尚待開發的香港島，環境很相似。

# 當年的交通

　　貫通新界南北的有九廣鐵路，從尖沙咀到深圳墟。港九和新界都有公共巴士行走。新界的巴士既少且疏；在那裏，單車是一種很方便的交通工具。香港島上有電車和登山纜車。當時有一種很普遍、而現在差不多已成陳跡的交通工具，那就是人力車（車仔）。私人小汽車很不普遍，私家車當然是身份的象徵。的士和出租汽車，大約是三百輛上下。軍警巡邏比較喜歡坐電單車。全港的大、小、公、私汽車共大約不超過七千輛。渡海的唯一交通工具是輪渡，有天星小輪和油蔴地小輪。每天渡海的人，早上多是從九龍到香港上班，傍晚從香港回去。

　　香港既然是轉口港，對外交通和運輸，比較發達。自1938年10月廣州淪陷和廣九鐵路華段受到破壞以來，鐵路的運輸中斷了。但海上貨運，並沒有什麼嚴重的阻礙。世界各地的遠洋輪船，仍舊來往；不過因歐洲戰爭正酣，商船多需戰艦護航，與香港的交通較疏。香港的貨輪，經常來往中國沿海各地：天津和上海（因為那裏還保有英國租界）、廣州、澳門和廣州灣。和東南亞各地港口的來往，也很頻繁。這些地方包括了中南半島、新加坡、馬尼拉等。

　　連繫啟德機場的航綫，除了海外航綫，還維持了往昆明和重慶的班機。

# 香港總督　一年五易

　　1941年，香港的政體和後來四十年的沒有多大分別。它是英國的殖民地。最高的民政長官是港督，由英政府委任，照例封爵士，這個傳統維持了百多年。

　　當時港督的頂頭上司是殖民地大臣（Secretary of State for Colonies）。香港內部的民政事務，港督可以全權處理；如果某些事情影響範圍超乎香港之外，或者要作出非常重大的決策，他須要向上司報告和請示。

　　像英國的政體一樣，香港也是三權分立的。司法是獨立的；最高的負責人是按察司（Chief Justice），由英皇委任。港督是推行政令的首腦，有行政局（Executive Council）協助他諮議政務。議員全部是委任的，分官守和非官守兩種。

　　1941年之前，行政局的議員人數，一向都是官守六名非官守三名。1940年底，增設一席位給海軍司令（Commodore），這意味着因局勢關係，軍方的代表性增強了，因為三軍司令早已經是議員之一。

　　1941年，行政局再增多三個席位。香港大學校長史樂詩（Duncan Sloss）以總檢查官（Chief Censor）身份和防衛監理官（Defence Secretary）富利沙（J. A. Fraser）被任命為官守議員。稍後，香港上海滙豐銀行主席祁禮賓爵士（Sir V. M. Grayburn）也被任命為非官守議員。這些委任都與當時的緊張時局有直接的關係。

立法局（Legislative Council）是制訂法律的機構，除了當主席的港督外，有議員十七名：官守九名，非官守八名。

華人在兩局所佔的席位怎麼樣呢？行政局一名，立法局三名，都是非官守的。市民習慣稱他們為"華人代表"。

港督除了是最高的民政長官外，還是駐港英軍最高統帥。在太平時代，在港的最高軍事長官是三軍司令，全銜是駐華英軍總指揮官（General Officer Commanding British Troops in China），簡稱 G.O.C.，權力不僅限於香港，這個職位有近百年的傳統。不過在 1941 年英國只有少量的駐軍在上海和廈門的公共租界，及在天津和廣州沙面英租界，故此 G.O.C. 的主要工作在香港。

1941 年，執行港督職務的前後共有五個人。這是一項永難打破的紀錄。

羅富國爵士（Sir Geoffrey Northcote）當了二十幾三十年的殖民地長官，主要在西非黃金海岸（Gold Coast）等地方服務。1937 年 10 月正式蒞任做港督，當時他五十一歲。不到三年，他感到身體不適，便放假去錫蘭（今斯里蘭卡）休養，一去便是七個月。在這段期間便由外面調來的岳桐中將任署理港督。岳氏因此是 1941 年裏第一個執行港督職務的官員。

3月，羅督返任，岳氏離港。

9月，羅督卸任。新港督未到之前，輔政司史美（N.L.Smith）任了護督幾天。這是英國的傳統：港督的職位一天也不能虛懸。

9月10日，楊慕琦爵士（Sir Mark Young）蒞任。1941年12月25日，香港淪陷。過了三天攻佔了香港的日軍司令酒井隆中將以戰勝者的姿態入城。不論全香港市民的意願如何，他照樣成立他的軍政府，執行佔領地港督的職權了。

1941年12月前，香港市民做夢也想不到香港會給日本人統治。

## 人物薈萃　一時無兩

香港從來就是國際間的一個大型政治舞台。在英政府統治下的一個自由港，成為舉世無雙的培育政治運動的溫床和異見人士的避難所。中國無數的政要、軍事或黨國領袖、紳商鉅賈、社會名人都曾經在香港活動。孫中山先生和追隨他的反清志士，早期在香港策動革命，這是人所熟知的事實。

"七七事變"和"八一三戰役"以後,香港在國際上的地位,大大的超越了上海租界,因為後者已經給日人包圍了,而前者依舊四通八達。故此,香港的過客,包括了屈指難數的風雲人物和名公巨卿。這樣,形勢就更加錯綜複雜了。1939年9月英國對德國宣戰後,對日本也加重戒心。中英日三方面的人馬雜沓,從事聯絡、談判和探聽情報的工夫。

三十年代初,中國軍統局(軍委會調查統計局,即當時的情報和調查機關)的特務處首先在香港設立了海外工作單位,主要是偵防國內顛覆活動。不過人手少,在港工作又不能夠太露形跡,究竟沒有引起多大注意。

重慶的"藝文研究會",是國民政府中央宣傳部轄下的小組織,負有秘密任務。香港也設有分會,由周佛海以中宣部長的名義指揮。中央宣傳部設置在香港的另一個重要機關是《南華日報》,由林柏生主持。後來立場就偏向汪系的"南京政府",在戰前和戰時刊行不輟。

1937年底佔據了華東以後,日本軍事進展緩慢,經常處於膠着狀態,也很想藉着和談爭取最大的利益,然後收兵。中國在汪系政權成立之前,對和談也不抱着峻拒的態度。1937年底至1938年初德國駐華大使陶德曼(Trautmann)在很高的層次上調停,想促成中日和議,不過沒有成功。

1938 年 2 月，意大利駐華大使柯萊（G. Cora）和日本外交部官員伊藤，在香港會見了宋子文，說是奉意大利外長齊亞諾（Count Galeazzo Clano）的命令傳遞日本議和條件。因為雙方目標距離太遠，談判沒有結果。

一個月後，以高宗武為首的中國團，和以西義顯為首的日本團在香港淺水灣酒店秘密會晤，商量兩國和談的細則。日本團首先回東京覆命。同年 7 月，高氏從香港出發到日本，通過日本特務機關大員影佐禎昭和陸相坂垣征四郎的引見，和日本首相近衞文麿會晤。不久再回到香港，聯同梅思平和陶希聖一行回重慶，向政府報告一切。

11 月初，日相近衞文麿發表了有名的"近衞三原則"，那就是：善鄰友好，共同防衛，經濟提攜。這似是一個較溫和的政策。中日的衝突看來有轉圜的餘地。跟着又發表那擬訂好的"中日關係調整方針"。中國方面為和談鋪路的小組高宗武、梅思平等，在香港證實了這個消息後，又匆匆的出發去重慶覆命。和談的希望只是曇花一現。同時，汪精衞（兆銘）的出走，使局勢發展到另一個階段。

汪氏一方面派他的家人和親信到香港作好準備，另方面和日人接頭，安排他和妻子陳璧君乘船到上海，以便組織新政府。那些日子裏，汪系人員穿插在重慶、香港、上海之間，尤其是以在香港最為活躍。除了上述幾個用以掩護身份的機關外，陳璧君和汪的主要助手周佛海分別有房子在九龍，陳公博和陶希聖也是香港的常客。汪系的組成，無疑對重慶政府有不良的影響，也轉移了日人談和的對象，同時使本港政治和社會更為複雜。然而，這只不過是一部分罷了。

國府的頂尖人物如宋慶齡、孫科、宋子文、孔祥熙和宋靄齡夫婦等，都有別業在香港。1940年2月，宋美齡因健康理由來到香港，宋氏三姊妹又高高興興的聚在一起開話家常，偶爾亦在公共場合露面，成為記者追訪的對象。宋慶齡去了重慶一個月，作了向美國呼籲的廣播後，重回香港繼續她"保衛中國大同盟"的工作。1941年9月至11月之間，立法院長孫科因公幹和私事，在香港盤桓了一會。宋慶齡更險，11月中她還在港島掃桿埔球場為一個別開生面的發展中國工業合作的嘉年華會主持剪綵禮，直到12月8日晚上，才匆匆的和妹妹坐專機從那炸得稀爛的啟德機場飛走。

單看一則在1941年10月中在香港報章刊登、邀約在港黨國名人觀劇的啟事，便可以略窺那冠蓋滿京華的場面了。其中包括了上述那幾位，另加上黨國元老何香凝、李石曾、馬超俊、王雲五等；外交界顏惠慶、王正廷、許世英、董顯光等；軍事領袖如陳濟棠、陳策、許崇智等；政要如葉恭綽、吳鐵城、俞鴻鈞、鄭洪年等；財經界如陳光甫、虞洽卿等；社會聞人如杜月笙、王曉籟等；教育耆宿如鍾榮光、李應林等。這也只是部分而已。

上述各人當中，在香港淪陷後，身陷日人羅網而被迫合作的，有葉恭綽、顏惠慶、鄭洪年、許崇智等。此外還有外交界耆宿陳友仁，政要曾雲霈、財經巨擘周作民、唐壽民、李思浩、林康侯、賀德鄰等，和本港及新加坡聞人胡文虎。除了胡氏以外，這一干人在 1942 年初都被送到上海去。

其實，在 1937 年底上海、南京失陷的前夕，有大批的政要和社會名人避地來港。這些高級難民使香港起了一陣繁榮和熱鬧，也給這地方平添了不少政治和保安問題。

試舉一個實例，上海風雲人物杜月笙就在香港和情報工作結了不解緣。1937 年 11 月底，他擺脫了日人監視，在上海法租界登上了豪華客輪，和宋子文、上海市長俞鴻鈞、財經鉅子錢永銘等到香港來避難。杜氏交遊廣闊，雖然身在香港，影響力依然不減，重慶政府要借重他的地方很多，因此關係很密切。

1939 年 11 月，又有一批重慶方面派來的要員在港營謀和談。他們包括了財經界名人周作民、錢永銘和重慶《大公報》主筆張季鸞。對方是西義顯和駐港總領事田尻愛義。杜月笙也負了港渝間傳訊的重責。可是汪系的"南京政府"快要成立了，日渝的和談也就淡下來了。

1937 年底，日人和汪系的協議到了成熟的階段，眼看快要公佈了。本來是汪系成員的高宗武和陶希聖，一直都參與其事。那時得到了杜氏的幫助，決心要反正，就拿了密約從上海逃出來，在香港搶先發表，令到汪系集團很錯愕。此後陶氏就滯留在香港，直到香港淪陷後個多月，才成功化了裝走大埔向東北至馬土灣（大鵬灣）那條許多人熟悉的水路，逃回中國境內。

汪精衛的"南京政府"終於在 1940 年 3 月 30 日宣佈成立。但這事並沒有完全否定日本和重慶政府談判的可能性，因為日本還未正式承認"南京政權"。

雙方還不斷的在香港接觸。代表日方的經常是現任或卸任的駐港總領事，在首相近衛文麿、陸相東條英機、外相松岡洋右的授意下進行的。日本也頻頻派遣其他的談判代表來協助。在香港他們最少見過了吳鐵城、陳濟棠、杜月笙等人。

1940 年 11 月，東京來電命令停止一切談判，決定在月底承認"南京政權"。原來日本早得風聲，知道美國在月底宣佈貸款給重慶政府。如果日本在美國這項宣佈後才承認"南京政府"，只顯出是被動；因此要反賓為主，搶先宣佈正式承認"南京政權"。

渝日和談現在不可能了，重慶駐港的中堅分子便致力於蒐集情報和使汪系孤立。有一個行動委員會是由軍統局戴笠、中央信託局總裁俞鴻鈞、杜月笙等幾個人組成的。特工頭目負責上海原有的秘密電台，香港的秘密電台就由杜月笙總其成。

1941 年 5 月間，香港政府破獲了幾個這一類的秘密電台。在半山區開設了三年的沈恒宗那一台給揭發了。沈屬華南軍統局，由陳素指揮，直接向在港的政要吳鐵城負責。這個台聯繫香港與重慶、上海、澳門等地方。杜月笙和重慶政府的通訊網也給發現了。陳素在緊急關頭溜掉。有關人員就轉往搜查杜氏的住所和秘密辦事處，搜出了和蔣介石、孔祥熙等要員通訊的密碼，也抓到了渝系對付汪系上海藍衣黨行動的證據。杜氏指天誓日說不知情，平素和香港政府保持良好關係的俞鴻鈞也做好做歹，力證杜沒有牽涉在內。港府一度想直說杜氏是不受歡迎人物、勒令離境；可是礙於中英關係和不使俞氏丟臉，只遞解了他們的幾個手下，好得交差；倫敦方面跟着官樣文章地叫駐重慶大使祁樂嘉循例向中國政府抗議一番。那逃跑了的陳素後來在十八天戰爭時再露臉一展身手，幫助駐港的陳策將軍。

11 月，杜氏因事要到重慶，就僥倖避過了與香港一同陷敵的厄運。可是，上文說過的陶希聖，渝方政要胡叙五、蔣伯誠等都滯留在香港，要等到淪陷後一個月，才和大夥兒趁機會逃了出來。陳濟棠在市區蟄伏了幾個星期後，在 1942 年 1 月中坐船到大澳，再轉漁船橫渡珠江口脫險抵中山。除了渝方人員之外，左翼人士被困在港也實在不少。名作家茅盾（沈雁冰）、報人鄒韜奮等幾十人，通過了東江游擊隊（是共產黨的游擊隊，出沒在深圳、大鵬灣、大亞灣、東江流域一帶）的安排，在香港淪陷後個多月，混在回鄉難民的隊伍中，回到廣東地區。陶氏等人走的路是從大埔坐船到香港東北大鵬灣畔的沙魚涌的；而茅盾等的路綫是渡過深圳河的。另外一綫是從水路到澳門；農村建設運動的中堅分子梁漱溟等一行就在 1942 年 1 月初乘漁船經長洲偷渡至澳門的。

## 日人的情報工作

戰前日人在香港的情報工作，無孔不入。從 20 世紀初明治維新以後，日本便很注意這個東方大商埠 —— 香港 —— 的發展，認為在很多方面值得他們參攷。隨便翻開大正六年（1917 年）在東京出版的《香港事情》，本來就是年報那一類的刊物，裏面可以說是無所不包，其詳細和精密程度遠超過香港政府在同年發表的年報；連停泊在香港海面英國兵船的噸位、駐港英軍人數等，都表列清楚。

戰前香港灣仔海旁一部分的店戶，是日人的小天地。他們在那裏開設商店、出入口店、酒吧、舞廳、按摩院等，儼然是一股地區性的經濟力量。從 1937 年 "七七事變" 起，香港華人對僑港日人，一般臉色都不好看。可是一直到太平洋戰爭前夕，香港和英國站在同一立場，保持中立，與日本維持着良好關係。

中日貿易斷絕了。香港與日本的出入口貿易本來就不佔一個重要的位置，只佔香港總額百分之三到五之間。可是，在港日僑人數最多時達到男女各五百多，後來漸漸減少。1941 年初，總人數也保持在五百上下，其中女性佔三分之一。在那幾年裏，日本男子攜眷在港工作的，不很普遍；因此可以想像到日僑中有不少職業女性。

灣仔的地盤，無論在軍事或經濟上都對日人有幫助。西鄰是海軍船塢，又是英遠東海軍基地之一。艦隻的進出、例行活動、操演、維修等，當然可以窺探一二。英國官兵很愛在灣仔流連，光顧日本店舖，在那兒尋開心、吃喝、聊天等。

日人刺探情報不遺餘力。有很多珍貴的情報是從他們開設的食店、酒吧、理髮廳、按摩院、甚至妓寨等地方收集回來的。

有一名在告羅士打大酒店閣樓服務的日本理髮師，

在香港住了七年，顧客盈庭，多是達官貴人。香港淪陷後，他穿上海軍佐（即校）級的制服，身份才被揭露，昔日曾是他座上客的如今成為階下囚，看得瞠目結舌，但是已經太遲了。另有一名以前在大道中正金銀行（日資）負責開門、侍應工作的日人，也搖身一變，以軍官的姿態出現。

由於承平日久，而香港又充滿自由空氣，軍人不免感到在這裏駐防很無謂，故此在公共場合像餐廳、舞會、酒會、舞廳、按摩院等地方，也口沒遮攔地大談香港防衛設施。甚至連精通日文的英軍情報科長博沙少校（Charles Boxer），在社交方面也像穿花蝴蝶般活躍。三軍司令格拉錫將軍不喜歡交際應酬，因此博沙做了知客，飲宴和招待任務，更加繁重！香港大酒店、半島酒店、告羅士打大酒店等經常是舉行大型雞尾酒會的場合，與會的包括中、英、美、法、荷等國家要員。1940 年的聖誕，更是夜夜笙歌。1941 年 11 月才到港增防的加拿大兩營官兵，也有一段短暫的紙醉金迷的日子。

日人不惜任何代價，廣佈綫眼。英人在保密上畢竟棋差一着。那號稱固若金湯的城門水塘地帶防綫，也輕易地給日人刺探了詳細的情報，像大砲、機鎗陣地和碉堡的位置，守軍人數，軍人和運輸的資料等。日軍就在廣州附近，選擇一個地勢相似的地區，照樣做造一道城門防綫，叫第三十八師團的精銳部隊，天天練習進攻。日軍因此在1941 年 12 月 9 日、10 日之間，以演習般的輕鬆，奪取了城門防綫。事前英軍得到的情報，說除了其他弱點之外，日軍在夜間行軍和作戰，都很拙劣。可是，12 月 10 日香港三軍司令拍發到英國總參謀部的電報，清楚的指出日軍夜間作戰訓練有素，和情報所說的不一樣！

　　1941 年中有一次正規和輔助隊伍聯合演習，假想敵人從九龍渡海進攻北角。這次演習不很認真，大家敷衍了事。可是日本的情報員看在眼裏，把這個演習原件照呈不誤。日軍後來在 12 月 18 日晚上將這個演習翻版，在北角登陸。

　　在進攻香港前，日人配備了有最新資料的香港地圖，繪畫得很精細；有軍事價值的地點都給勾了出來，而且用不同的顏色標示各種重點地方和目標，連最小的街道也清晰地顯示出來。這是他們籌劃多時的結果。

　　鑑於 1938 年攻陷惠州、廣州等地方，得到潛伏在那裏的黑社會分子作內應，日人便在澳門大事收買黑社會分子和被香港政府遞解出境的犯人。"和勝和"幫會姓馮的一個首領於 1939 年中給遞解離港，日人便把他收買在旗下，叫他嗾使手下從澳門潛回，和香港的一幫必要時作內應。"和勝和"五千多成員當中，最少有一千人是滋事分子。

又有不少歹徒雄霸干諾道中碼頭一帶，乘別人不注意的時候便猖獗地搶貨物，在那裏為患已久。警方就在1941年10月初趁黑社會會社"和勇義"中夥兒宴會之際，猝然出動搜捕，事後把百多人遞解出境，創下了一次遞解人數最多的紀錄。這些黑社會，都和香港淪陷前不斷冒升的犯罪案件數字有密切的關係，是當年香港治安的一大威脅。

黑社會分子只有一小部分是日人的第五縱隊潛伏的內奸，其他的都不站在日人的一邊。所以在大戰初起時，渝方駐港總指揮陳策就得以和各幫會首領聯絡，使他們各自飭令手下人馬不得異動，而且分派各項緊急工作給他們，包括協助軍警、緝捕日諜、維持秩序、救護難民等。故此港島雖有零星騷動事件，但大局粗安。陳策等一干人又根據平日的資料和綫報，幫助治安當局四出搜捕歹徒和漢奸，先後在港島各處拘獲了二三百人。12月13日，有十九名受日方指使的間諜被槍決。

香港的嚴厲治安措施，除了取得上述成果之外，情報工作方面，也不全是混蛋的。1940年中，有一名中醫師替日人搞秘密工作，還在新界散播謠言，結果給拘捕了。同時，港方密切注意受日人利用的秘密會社，如"正道社"、"致公堂"等。因為處處給人釘梢着，日人的傾覆活動始終搞不起來。同年秋天，港方追緝一對替南京汪系政權和日本諜報頭子坂田幹勾當的夫婦。男的逃脫，女的被遞解出境。

1940 年秋冬之間，香港情報人員接二連三破了幾件重大案子。宅部虎雄夫妻檔在灣仔開設密室酒吧，專門招待英海軍電報員，居心叵測就不問可知了，相信他們從這來源獵取的情報，實在不少。他們還辯稱這只不過是招徠生意的辦法。港府把保釋金提高，但隨即有不明來歷的日人願意付保款，以求釋放他們。這對夫婦結果被遞解出境，後來轉往上海。

另外一名以商人身份作掩護的山口月郎，實則受日軍情報課的資助，幹間諜活動；更得廣州日軍的縱容，與一家運輸公司勾結，在港穗之間走私和偷運秘密文件。結果也給逮住了。後來日治時期山口捲土重來，以大商家和慈善家模樣出現。

從事間諜活動最肆無忌憚的要算鈴木中佐。他的官方身份是派在駐港日本總領事館專門學習英語的，但卻明目張膽地在蒐集情報。港府再也忍不住，便在年底勒令他離境。兩國外交部為這事也交涉了好幾次。鈴木在 1941 年 8 月還在東京升了官。

## 日僑撤退　計劃周詳

　　從三十年代起，日人在香港擁有巨大的經濟影響力。而一直以來，駐港日本總領事館的人員亦是各領事館中體制最龐大的。"七七事變"以前，有總領事一人、副領事兩人、參贊三人。1940 至 1941 年間，除了總領事一人、副總領事二人或三人外，還有新增的領事一人、參贊七或八人。他們的總人數大概是美國總領事館的雙倍，約佔駐港各國領事館官員人數總和的三分之一。太平洋戰爭前夕，副領事一度增加到五名，而總領事館內的文書人員，也有十至八名。

　　在 1940 年 11 月，駐港總領事田尻愛義（一年前是中日談判人員之一）調往駐汪系"南京政府"大使館任參贊，空缺由矢野正記接任。就在那一段短短的期間裏，日本駐港總領事館裏的要員可說得上是濟濟一堂了。因為日本在承認"南京政權"的前夕，搞和談人士仍舊在港活躍。這些人包括了前任總領事岡崎、紡織業鉅子中國通船津辰一郎、政客神田昌夫等。

　　年底之前，參贊松本善郎也冒出頭來，升了做副領事。他從 1937 年起便投在特務頭子刀斤木長之助旗下蒐集情報，幹得"有聲有色"。

　　矢野上任之後，忙得不可開交。在 1941 年裏，他先後三次離港，僕僕風塵，在南京參加駐華各領事會議，向東京請示和述職等。駐廣州和澳門的總領事，都受他管轄。3 月，領事小田瀧夫奉召回日本外交部。主要任務是陪同外相松岡洋右到蘇聯，做他的翻譯。新調來的領事是南京日大使館三等書記木村四郎七。當時總領事館的陣容，盛極一時，可是，日僑就一批一批悄悄的撤退了。

1941 年初，日本政府勸喻在港僑民，如果沒有特別事情辦的，最好盡早離港回國。1941 年上半年，離港的有百多人。日僑會長小野六郎後來把在港日人分組，以便疏散。到 7、8 月間，續有百多人撤退。9 月 19 日夜半時分，他們開了一個"惜別會"。因為要走的人多，留下的人少，所以要由前者惜別後者。加以大戰迫在眉睫，留港的日人要冒很大的危險，不過也視為一種報國的光榮任務。9 月底，只賸下幾十人在總領事館和報館工作。12 月 6 日，大戰前夕，最後一批十多名日人坐船離港到廣州去。

戰事爆發前幾個月，香港情報部門已密切注意留港日僑的動態。眼見他們一批批的疏散撤退，當局更加緊緊地盯梢剩下來的日人。

12 月 8 日早上，香港警察奉命四出搜捕日人，以敵國人身份將他們羈禁。儘管當局事先自認為有頗詳盡的資料，但搜捕行動之中，仍有不少撲了個空，因為原居於某戶的日人已於若干時日之前他遷或離港甚或逃跑，而當局資料已落伍，尚懵然不知。

同日被拘禁的還包括在港日僑和一些極端親日的中、英、美人士。在戰前，經常發表親日言論的英籍和中英混血兒記者，也有十個八個。總領事矢野和領事館官員，在國際慣例下沒有受到拘捕，不過被集中起來，由保安人員監視。矢野還在 12 日那天通過警方的安排，親自帶了一些慰勞品到赤柱監獄探視他的同胞。

被拘禁的還包括一些華人。其中一人是陳廉伯。陳氏的來頭不小。二十年代初他是滙豐銀行廣州沙面（英租界）分行的買辦。為了將廣州商業區武裝起來，以維持治安，他組織了商團，在 1924 年挑起了武鬥，結果給當時在廣州任大元帥的孫中山粉碎了計劃，被迫逃亡香港。從此一直在香港營商，擔任復興煉油公司總經理。1931 年，東華醫院、廣華醫院及東華東院實行統一管理，合稱 "東華三院"。陳廉伯廁身殷商之列，被選為首屆總理之一。是年總理互選時，他以一票之差未能當上主席。次年，他卒膺三院主席一職。在九龍岌岌可危的時候，陳氏就向有名望的人進言，提議港督和日方議和。警方已經注意了他好些時候，便控以煽動羣眾罪名，送他進赤柱監獄。

日軍佔領香港後，情形完全翻過來。陳氏和受拘禁的日人立刻被釋放。陳氏更在 1942 年初搖身一變成為香港四名華人代表之一。

第三章

# 戰前的準備

# 彈丸之地　易攻難守

在格拉錫少將（Major-General A.E. Grasett）就任為
駐港三軍司令之前，他上手巴多樂謀少將（Major-General
A.W. Bartholomew）在"七七事變"之後即跟英國參謀總
部人員詳細分析香港的兵力和處境。

香港歷來駐軍人數不超過四營，大概是四千人左右。
當時有人提議從新加坡調來一師團增防，以配合新界南部
的城門防綫，可是後來沒有了下文。就當日的國際形勢來
說，日本既然全力進攻中國，相信不敢輕於挑釁、襲擊香
港，與英國和世界各國為敵。

起碼的軍備香港是需要的，以防萬一。只駐有四營
守軍的地方，主要策略應該是消極的和被動的；重點應放
在香港島，必要時放棄九龍亦在所不惜，且戰且待外援。
英國在遠東的總司令和參謀部不是設在香港，而是在新加
坡。當時傳統的計策是這樣的：倘有突襲香港的事故發
生，援軍定可以從新加坡趕來；況且，在馬尼拉和珍珠港
的美國海空軍，也旦夕可至。

1938 年底接任做駐港三軍司令的格拉錫少將是樂觀
派。他是一名出色的軍人，早在歐戰時已經顯露頭角了，
但卻有着過分主觀和充滿了唯我獨尊的想法。在第二次世
界大戰之前，英軍從沒有和日軍陣上交鋒的記錄；唯一的

吃虧經驗，就是在長江停泊的戰艦"瓢蟲號"在 1937 年底給日機的投彈擊中。格氏認為日軍雖然能夠戰勝國軍，但應付"精銳的英軍"就倍感困難了。

格氏的輕敵態度，影響了軍中上下的積極性，更使到新界的防守過於鬆懈。唯一的好處就是，他給香港人吃了近三年的"定心丸"，不致惶惶不可終日地擔心香港會失陷。

在格氏的計劃中，新界只有兩道防綫。

第一道是東起沙頭角，經羅湖沿深圳河西至后海灣的原有邊界。沿綫各點無險可守，日軍可以隨時一湧而過。負責第一道防綫的隊伍，主要任務是將各條向南的通道炸爛，增加敵軍障礙，令對方運輸和補給困難。守軍就向南且戰且退，沿途繼續爆煁通道。

第二道防綫是被認為是固若金湯的"城門防綫"（Shingmun Redoubt），又稱"醉酒灣防綫"（Gin Drinkers' Line）。防綫西起荃灣東南的醉酒灣（Gin Drinkers' Bay——這個地名也湮沒多時了：六十年代那裏是傾卸垃圾的地區，作為日後填海的基礎，所以又稱"垃圾灣"；是現在大窩口、葵盛、葵芳的所在）經城門水塘的北面，連接吐露港南端的大圍和沙田圍，再向東南逶迤沿慈雲山和九龍嶺的北麓，至近鯉魚門海峽的馬游塘。

第二道防綫連綿 10 多哩，深溝高壘，拱衞着南邊的九龍半島、啟德機場空軍基地和香港島。軍方認定可以憑險守住一個時期配合邊戰邊待外援的戰略。

格拉錫對這個防守陣勢，躊躇滿志。港督羅富國是守舊派，加以年紀大了，對現代戰爭了解不夠深，因此看香港的防衛，也一向抱着樂觀的態度。

1939 到 1941 年間，英國正苦於抵擋德國的閃電戰略和空襲，全國陷於水深火熱之中，沒有能力加派軍隊到遠東來增防，而且在廣州和海南島相繼失陷後，香港已經不是必爭的軍事據點了。英國總參謀長依士梅勛爵（Lord Hastings Ismay）在 1940 年時有過這樣的想法：從香港撤軍，以減少無謂的犧牲。這多多少少反映了邱吉爾政府對香港戰略上的看法。

## 防空工程

1937 年淞滬戰役和長江口激戰中，日本的空軍實力很具威脅，以致英美戰艦各一艘也被波及。有鑑於此，港府認為日本一旦進襲，香港官民應該有足夠的防空措施，以策安全。防空處（英文簡稱 A.R.P.）就在 1938 年初成立，處長不久也到任。

防空處初期的工作只着重灌輸防空常識給市民和訓練防空人員。起初訓練百多名防空教練，然後再由教練教導其他人士。總共超過一萬人接受了防空訓練，其中三分之一是防空護衞員，其餘的人是警察、聖約翰救傷隊、消防員、拯救隊員等。受訓的不限於公職人士，市民參加的實在不少。防空護衞員的分區和警局的分佈，大致相同，在很多方面也要雙方合作。

防空事務的範圍很廣，除了警政之外，還涉及交通、通訊系統、消防、道路搶修工程、供水控制、燈火管制、醫療急救、保障市民生命財產的安全、學校、政府辦公室、工廠、著名商業大廈的保護等。

港九各區較高的建築物上，還建了十多二十部警報機。如果遇到空襲，警報機會大鳴，警告市民要疏散走避。

燈火管制是防空的主要項目，每季最少舉行演習一次，雖然給城市生活帶來諸多不便，演習結果多數是稱意的。整個城市兩三分鐘內變成漆黑一片，防空作用很大。

大規模的防空工程，要到 1940 年中岳桐代羅富國任署理港督時才展開。首先在立法局通過增撥款項，加強和加速防空洞的建設，預算在港九各地建造防空洞六十個，在中區心臟地帶建四個防空洞。其他的就分佈在各個區城。最大的一個近輔政司署門口，主要給政府機關人員使用，連車輛也可以駛進去；由下亞厘畢道直通上亞厘畢道，裏面分三層。從港督府內的暗道落一層便是那防空洞的頂層。戰時港督和他的幕僚及將領會議，都在那裏舉行。

建造防空洞主要是在山邊鑽洞。如果是平地，就建防空室，那是有鋼筋水泥造的長方形建築物，高七、八呎，面積千多呎，每間可容幾百人。這些防空室只可以保障有限度的安全，起碼使避難者心理上好過一些。

1939 和 1940 年，防空和防空工程的費用超過八百萬元。這是一項龐大的數字。1941 年，防空洞、防空演習、警報試鳴、燈火管制演習等已經是市民生活的一部分了。不過，在 9 月至 11 月那一段時間，防空處的工作和防空工程受到調查，有很多內幕消息都被揭露了。

事緣政府收到了一些投訴，懷疑防空工程涉及舞弊；隨即組成防空工程事件審查委員會，委派到任不久的副按察司祁壽樂（P.E.F.Cressall）為主席、兩名社會賢達為委員、政務官彭德（K.M.A.Barnett）為秘書。審查委員會雖然不是一般的法庭，但具有法庭的程序和權力。在盤問下證人不得不吐出內幕。最富戲劇性和娛樂性的部分，是防空處長史柏堅（A.H.S.Steele. Per-Kins）供述當年他與年青貌美而擅交際的劉美美女士邂逅的艷史。劉氏是一家鋼鐵廠的私人秘書。這家公司是防空洞工程供應商之一。聆訊中透露了史氏送了很多昂貴的衣飾給劉氏，禮物中包括了一隻千元的手錶。另一方面，又查出鋼鐵廠的一位負責人帶了名貴的禮物像手錶、洋酒等，想給史柏堅，結果因受到拒絕而送不成。這些事件都不能入史氏以罪。他雖然是有婦之夫，和劉氏及另一名女士有頗親密的往還，充其量這只算是私人問題，和舞弊扯不上關係。

兩個月間，審查委員會開庭不下三十多次，各報章都把研訊過程記載得很詳盡，尤其是史柏堅的桃色艷聞，更是寫得字字傳神。審查委員會在 11 月初認為史氏公務上的行為沒有值得懷疑的地方，港府便用釜底抽薪的方法，安排他離港，防空處長一職就由他的副手柏高（B.H. Puckle）繼任。

審查委員會的研訊對象，還有防空工程的財務和程序問題。為此財政監理官（即財政司）和工務局長等高官也應邀出席作供。起因是防空工程招投不公開，僅指定建利公司作為承建商；而龐大的工程開支也事先沒有照一般程序獲得倫敦殖民地部（舊稱理藩院）的批准。研訊一直在進行，到大戰前夕還沒有作出一個概括性的報告。

防空工程案爆出後不久，港督在 1941 年 10 月底參照了行政局的意見，宣佈組成“公務員舞弊調查委員會”，委派正按察司麥基利哥爵士（Atholl Macgre, Gor）任主席，秘書仍舊由彭德擔任。彭氏隨後說閉庭研訊將會盡快進行。到 12 月初，書面的證供和呈文，已收到多份了。戰火中斷了調查委員會的工作，不過不論有罪無罪，大夥兒都在日佔時期受牢獄之苦。兩個委員會的成員的遭遇，也是淒涼的；麥基利哥進了赤柱集中營，彭德被囚在深水埗營，祁壽樂 1944 年死於獄中。

## 加拿大軍　兼程來援

格拉錫少將雖然把城門防綫視為近乎銅牆鐵壁般的工事，但是在他卸任後的努力，使香港的守軍增加了二千人。

1941 年 8 月格氏奉調回到倫敦總參謀部任職，五十歲的莫德庇少將（Major-General C.M. Maltby）接任為駐港三軍司令。莫氏是一位有才幹的軍事領袖，在印度（當時仍屬英領土）服務多年。抵任之後，他夙夜匪懈地整頓防禦工事，準備應變。

另一方面，格氏返英途中途經他的老家加拿大，和總參謀長祁理雅（H.D.G. Crerar）將軍詳談；從中打探得知加政府作為英帝國的一分子頗樂意派遣軍隊駐防東南亞。回到倫敦參謀總部後，格氏力陳增援香港駐軍之必要。

首相邱吉爾起初認為駐軍多寡，對香港形勢不會有多大影響。不過，在新加坡坐鎮的新任遠東總司令布祿卜咸爵士（Sir Robert-Brooke Popham）卻很同意格氏的建議。於是，參謀總部、外交部和殖民地部進行會商，結果認為如果有少數的外援，就可以大大的鼓舞香港軍民的士氣。英國當局便立即和加拿大政府商量。其實當時加政府對遠東和香港情況，不甚了了，故此一下子就應允了。下一個步驟是請英首相裁奪。他原則上同意，並說增發援軍到遠東，只是早晚間事。這件事由 1941 年 9 月中積極商討，10 月初便得首相最後批准。兩營共約二千人的加拿大官兵，就在 10 月 27 日成行。司令官勞森（J.K.Lawson）由上校晉升為准將，領隊出發。

這兩營加拿大皇家來福槍營和溫尼伯榴彈手營，雖曾在國外服役，但隊伍很新，沒有作戰經驗，還在接受訓練；橫渡太平洋時還須在輪上加緊操演。他們乘搭的船隻，一艘是運兵輪，載二千人；一艘是巡洋艦，載百多名官兵。加拿大軍的裝備也不齊全，因為另一艘載著百多部軍車和各類軍需的運輸輪，要繞道經澳洲，結果來不及參戰。

加拿大援軍在 1941 年 11 月 16 日到港。那天是星期日，風和日麗。歡迎者包括港督楊慕琦爵士和三軍總司令莫德庇少將。軍士們在半島酒店旁邊的空地集合後，就在軍樂隊帶領下列隊步操到深水埗兵營。港督還在彌敦道接受隊伍的敬禮。這鼎盛的軍容，在繁盛的街道上操過，實在是罕見的場面，而且增加了居民的信心。霎時間，大家都好像有了很大的安全感。

加軍來到後，在港各部隊的總人數創下最高紀錄，達一萬三千人。溫尼伯榴彈手營和加拿大皇家來福槍營各有一千人；原有的四營是米杜息士營和皇家蘇格蘭營各八百人，印度兵拉治潑營和彭加普營各一千人。此外，各炮兵連共有二千五百人；工兵野戰連共有五百人；由平民組成稍經軍訓的義勇軍有一千七百人；還有其他支援單位的幾百名軍士。海軍實力就小得可憐。巡洋艦隊和潛艇隊都被調到新加坡和遠東其他地方，剩下來的只有一艘驅逐艦、四艘炮艇和八艘魚雷快艇。海軍人數有一千六百名。空軍簡直不成樣子，只有兩架水陸兩用機和三架魚雷轟炸機；連同地勤人員也不過一百多名。

莫德庇少將把駐軍分做兩旅，每旅主力軍有三營人；一旅守新界，一旅守港島。駐新界的三營軍隊是蘇格蘭營、印度軍彭加普營和拉治潑營；駐港島的是米杜息士營和加拿大軍兩營。因為新增了兵力，莫氏決定不將防守範圍退縮到僅限於港島；相反地，他很重視城門防綫，把三營兵力都放在那兒。駐守在深圳邊界一帶的，是一連彭加普兵和一些工程兵，主要任務是瞭望日軍情況，在必要時炸破橋樑和公路，沿途設法延緩日軍的南進；但最後必須撤退到城門防綫歸隊，協力抵抗敵人進襲。

　　海軍船塢因建在港島北岸，一點隱蔽也沒有。海軍基地故此設在受地形掩護的香港仔海灣。

　　軍用和民航的飛機，都停泊在啟德機場的機坪，毫無遮掩。軍機全是古老產品，只合作偵察用，不能够在空中和敵機周旋；而且，魚雷轟炸機沒有配備魚雷，最高速度也只是每小時一百哩，很容易給敵機或地面炮火擊中。

## 英國人撤退婦孺

　　1940 年夏天，日軍和中國軍仍舊在深圳河的北岸糾纏着，此起彼伏；日軍又一度衝過羅湖邊界，用意不明，港方不禁大為恐慌。同時，在國際上，英日關係也日趨緊張。日本要求英法分別封鎖滇緬公路和滇越鐵路，想斷絕重慶政府對外的交通和運輸。英法在歐洲對德抗戰，本來已經自顧不暇，在威迫利誘下只好就範。眼見日機一批又一批的轟炸重慶，英國和香港當局都起了戒心。日軍的進襲看樣子隨時隨地都可以發生，香港政府便決定撤退非華籍婦孺到較安全的地方。

每逢緊張的時刻，英國都在殖民地先行撤僑；香港也汲取了 1937 年冬從上海公共租界撤退領事館人員和僑民的經驗。

　　經過各單位會商後，港府便廣泛地調查歐西人士的家屬狀況，並且在 1940 年 7 月勒令婦孺離境，免費坐船到馬尼拉再轉到澳洲。只有負責緊急任務的婦女才獲准留下來。歐西人士的社群立刻起了一陣混亂。不想疏散的婦女紛紛報名當護士、救護隊員、防空護衛隊員、文件檢查員、密碼翻譯員等，以免被遣送。

　　有些起初是走了，但過了一段時間看見香港還沒有什麼動靜，便又跑回來。有少部分索性賴着不肯走。醫務總監司徒永覺（P. S. Selwyn-Clarke）和他的妻子喜爾達（Hilda）想出來的計策更巧妙：在調查家屬的期間，喜爾達抱着女兒悄悄地坐船到廣州，做了沙面英領事的食客，幾天後才回來；因為疏散者榜上無名，她便名正言順地留下繼續協助救援工作。

　　婦孺去留的事件，連帶引起不知多少的批評、忖測、謠言、鼓噪和不安的情緒。結果，疏散的有三千多人；留下來的也有近千人，差不多每個人都和緊急服務拉上關係。有不少留在香港服役的軍民，認為政府有階級歧視，對高官巨賈的眷屬特別優待。再隔不多久，局勢又顯得平靜下來，在港服役的丈夫們便要求政府把婦孺送回來團聚。

當局忖度了形勢，認定要堅持撤僑的政策，這一決定使留港的歐西男性極度不滿，於是組成了"獨身丈夫團"（Bachelor Husbands），抗議政府拆散他們的家庭。參加這抗議行列的有四百人上下，他們經常集會和交換意見，直到大戰前夕才停止活動。這是"塞翁失馬"的現代實例。繼續在港居留的婦孺，開心的日子頂多一年半載；到頭來，甚至最幸運的也要過着三四年悲慘的日子。疏散到澳洲的婦孺，倒也平平安安地度過五年時光。

要數獨身丈夫，應該把最高級的兩位領袖算在內：港督楊慕琦和三軍司令莫德庇在履新前分別把妻兒留在錫蘭和印度，以身作則。不過，將婦孺撤退到澳洲這樁事，間接使好幾個家庭起了變化。

## 風雲險惡　陣前易帥

1939 年 9 月英國對德國宣戰以來，一連串的戰時措施也隨着在香港開展，有許多緊急和非常時期需要的機構也先後設置了。典型的例子是："貿易統制處"、"糧食統制處"、"郵電檢查處"、"公平糶米委員會"、"經濟戰顧問委員會"、"敵產（指德國和德僑產業）管理處"、"防衛監理官" 等等。"防空處" 早在 1938 年初便設立了。戰前的三年當中，政府頻頻制訂法例和規則，以應付非常時期；其中涉及範圍最廣的要算那套 "防衛規則"。有很多軍事或民防重地被列為警衛區、禁區及戒嚴區。報紙、書刊、文件等都不准攜帶出口。在水陸公眾地方攝影，亦受到嚴格的限制。這一切對市民的日常生活，有很大的影響。

燈火管制命令亦在 1940 年頒行，而且按期操演。在演習期間，住戶的燈火外露就有被檢控之虞。1941 年 11 月中，舉行了一次很認真的燈火管制演習；同月底，也舉行了一次動員軍警和民眾的大規模防守演習，為應付真正的戰爭作好準備。

政府的非常措施，包括了徵用中區的商業樓宇。1941 年 10 月就發通告給原來的租戶，限令一星期內遷出。其他租期快要屆滿的寫字樓，也要優先給政府租用。受影響的有滙豐銀行大廈、荷蘭行、皇室行、交易行等多幢大廈。港府更在市中心的空地蓋搭一些木屋，作為臨時辦公室。

1941 年 1 月，是英人進駐香港一百週年。署理港督岳桐將軍在立法局動議後，一致通過拍電呈英皇喬治六世，表示效忠和為英帝國事功致力。英皇的覆電剛好在

一百週年那一天 —— 二十五日 —— 到達，除了表示謝意外還讚許香港在一百年間有這樣的驕人成就。

在非常時期裏，官民雙方都沒有安排鋪張的慶祝。代港督、政府首長和多位社會賢達，只在電台上廣播一些賀詞；有二十位知名人士在報章上撰文慶祝。除此之外，一切從簡，百週年紀念便靜悄悄地度過了。

對華人社會，這個紀念的意義顯得並不重大。相反地，同時在民間流行的讖詩有兩句是這樣的："鯉魚有日翻洋海，百載繁華一夢消" —— 不問可知是不佳的徵兆，更可以隱喻日人推翻西人政府。因此很多市民總惴惴於"百載繁華一夢消"的傳言之中。

1941 年秋冬之間，香港政府高層的調動是前所未有的。這一方面意味着進入緊急狀態，另一方面充分地說明新上任的領導者的首要任務是怎樣收拾殘局。

港督楊慕琦和三軍司令莫德庇在戰前兩個月先後到任。關於莫氏上文已有所介紹。楊氏是一位果斷而冷峻的殖民地長官，先後在西印度羣島、中東、錫蘭和東非等地任職。兩位都是上佳人選，他們也深知共同的使命是力挽狂瀾，以保障香港的安全。這樣陣前易帥，遲是遲了，不過對香港的局面有相當的穩定作用。

率領加拿大軍士來港的勞森准將，是莫氏幾位主要助手之一。抵步後三個星期戰火便展開，是他始料不及的。

空軍指揮官蘇里雲（H. G. Sullivan）來得更遲——12月1日。面對那五架古董軍機，使他啼笑皆非。他向新加坡的遠東參謀總部力爭加派軍機，可是得不到結果。

神差鬼使來香港只當十八天輔政司的詹遜（F. Gimson），12月7日才抵步，一天後就在炮彈聲中宣誓就職。他的上手史美（N.L. Smith）卻僥倖極了，在12月6日卸任後即乘船回英國。

中國駐港領事，差點兒走馬上任，只因戰爭爆發而沒有到港。基於歷史因由，英廷和香港從來沒有歡迎中國駐港領事館的設立。英國捲進歐洲戰火之後，中國駐英大使郭泰祺正式提出要求，在港設置使館。1941年初，邱吉爾認定日本遲早向英美開仗，故此中英關係越來越密切；對派駐領事的要求，推也推不掉的了。

英政府要港督就這事表示意見，羅富國爵士和他的首席幕僚輔政司及華民政務司再三商量，在年中回覆，表示原則上應予答允。

誰出任首任中國駐港領事，英廷很想先知道，以便進一步研究細節。到了1941年9月，中國外交部準備委任杭立武。杭氏是資深外交人士，英外交部聽了也很放心。外交部跟着和殖民地部仔細商量了兩個多月，最後在同年11月底分別通知中國外交部和香港總督。

可惜這時已經是1941年的12月初。太平洋戰爭爆發，中國駐港領事館的設置便隨着香港的失陷而煙消雲散了。

## 山雨欲來　一觸即發

在香港，華人的愛國情緒高漲。不少人間關回到自由區像惠州、韶關、桂林，和大後方的昆明、重慶等地，為國家作出各方面的貢獻。留港的則踴躍以金錢和物資來支持抗日戰爭。1941 年 10 月，港九的華僑工人團體響應"一元獻機（捐獻軍機給國家抗日）運動"。同一時間，僑港的廣東各界和海外華僑紛紛滙集捐款回鄉，救濟淪陷區的難民。

廣東省政府主席李漢魂的夫人，也經常出入香港，為捐款的社團和各項救濟計劃打氣。

另一方面，滯留在港的難民雖然暫時避過了中國的戰火，衣食卻成了最大的問題。政府的難民營和慈善機構收容額有限，露宿街頭的何只萬千，有些竟成餓殍。

不過，香港社會是極端的：有痛苦的一面，也有快樂的一面；有淒涼的一面，也有繁華的一面。香港自從抗日戰爭爆發以來，四方輻輳，按摩院和導遊社便應運而生，使手頭豐裕的又多一種享樂的好去處。當時這類的"院"和"社"，全港大約有一百家。

上流社會人士不因時局緊張而停止玩樂。相反地，舞會和遊藝會的數目也多起來，不過總有個最終目標——籌集些款項來舉辦慈善和救濟事業。尤其是歐西人士，他們做得起勁，玩得同樣起勁。當時大家只有一個信念，日本絕不敢冒天下之大不韙侵襲香港，對英國開仗。鬧市中，穿插着不少穿制服的緊急服務人員、防衛員、輔助人員、護士等。外籍人士對這類非常時期的工作，一般都很熱心。可是，一到周末，又是連串的節目：賽馬、高爾夫球、酒會、舞會……總想不到日本會冒險一擊，更想不到港方會一敗塗地。在華人社會裏，對樂觀的想法當然有很大的保留。

高層的領袖如港督、三軍司令等，對戰局了解透徹，所以竭力謀劃，不敢輕率，遊樂玩耍沒有他們的份兒。港督楊慕琦到任不夠一個月，便由醫務總監陪同到新界難民營視察。三軍司令莫德庇在閒暇的時間，經常徒步到山區觀察陣地的形勢。

華民政務司和四位華人代表，每天都接見記者一次，使港府發表的消息能夠傳播給市民知道。然而，礙於英日的表面友好關係，"醜詆"日本的新聞或字眼，或帶煽動性的文字，都被刪檢：讀者經常發現到，報章上有空白框框的"天窗"。不過這種新聞檢查也是漫無標準或欠公平的。英文報章不須經港府檢查,而中文報章卻必須經華民司新聞檢查處檢查後才可印行。

郵電檢查早於 1939 年中以後在香港實施。出入香港的電文、書信、通訊等都逃不過檢查員的眼睛、筆和剪刀。到了 1941 年,這方面的檢查就更加嚴密,舉凡涉及政治、軍事、及"醜詆"日本或影響時局的言論和通訊,一律被檢掉。

1941 年 11 月,立法院長孫科的私人秘書陳丕士(前外交部長陳友仁的兒子),叫他的俄籍妻子穆西雅從重慶回香港的家收拾財物,同時也在港協助孫科處理一些事務。陳在妻子去後聽到了一些日軍可能進攻香港的傳說,放心不下,便發了一封電報給她,電文說:"如情況緊急,同孫科一齊飛回重慶。"香港的電報檢查員卻刪去了"如情況緊急"幾個字!像這類的事例,不勝枚舉。

其實,日本早看準了英國無力兼顧遠東。這一段時間,從香港飛往內陸的民航機無時無刻受到日方軍機監視,驚心動魄。歐亞航空公司 (Eurasia Aviation Corporation) 首先遭殃;有四架水上飛機 (Junkers) 報廢。有一架 DC-2 型號的中國航空公司 (CNAC) 民航機剛從啟德機場升空,就被日本戰鬥機在南中國海迫降。最慘無人道的事,就是乘客從正在沉沒的客機逃生之際遭日軍連串機槍射殺。此事發生在中日交戰之際,香港當局唯有啞忍。

1938 年 10 月、11 月間分兵取深圳時,日軍又幾次越界及向香港邊境射擊。1939 年 2 月,日軍飛機出動轟炸,想把中國軍隊趕出深圳,在羅湖車站投下四枚炸彈,還飛到邊境以南一哩的地方再投兩枚,炸燬了駛向羅湖的一列香港火車;有十一個人給炸死了。日本雖然事後道歉和補償損失,吃虧的始終是香港方面。1940 年夏天,日軍又衝進羅湖邊界,用意不明。

1941 年春夏間,日本軍機不下十次在橫瀾及蒲台島海面射擊漁船及船艇(行駛香港與華南地區),引致多人死傷。港府通過殖民地部與駐日大使向日外交部抗議。日方辯說 "不知情",而港府又苦無辦法證明船艇當時並沒有載運違禁品。後來,情況越來越嚴重,連在鄰近港海作業的漁船也受到日機襲擊,港府也沒有辦法加以保護。日本海空軍在公海上屢次挑釁,港府為了 "兩國關係",唯有啞忍,不敢將消息張揚開去,連報界也給瞞住了。

1941 年 10 月 29 日,深圳邊界的日軍又向港方開槍,射殺了一名農民。後來經英駐日大使抗議,日本答允賠償撫恤金一千元,並且循例保證以後不會有同樣事情發生。下一次 —— 12 月 8 日,發生的事情當然不一樣!

在美國,日本駐美大使野村吉三郎從 1941 年初便奉首相近衛文麿的命令與羅斯福總統（Franklin D. Roosevelt）及國務卿赫爾（Cordell Hull）商討兩國和平方案，一直得不到結果。10月中，三度任首相的近衛受不住好戰派的壓力，內閣總辭。原任陸相的東條英機拜命組閣，激進派軍人得勢。11月中，加派前駐德大使來栖三郎為特使，協同野村與美國交涉。

當時美日兩國的基本國策有不可轉圜的衝突，會談絲毫沒有進展。月底，雙方僵局已成，大戰已不可以避免。同時，美國宣佈"陸上護航"，確保軍用物資經泰國送到中國雲南，以遏止日本攻取泰國和緬甸的野心。

國際形勢發展到這個地步，英國和香港迫得積極備戰。1941年11月中，英國報章報道有龐大艦隊從歐洲趕來遠東增援。本來在地中海遊弋、現正在駛向新加坡途中的三萬五千噸的巨型主力艦"威爾斯王子號"（Prince of Wales）和二萬五千噸的重型巡洋艦"卻敵號"（Repulse）。"威爾斯王子號"綽號"不沉號"（HMS Unsinkable），是英海軍之光；各有關方面對它的東來以穩定遠東防衛，都寄予厚望。艦隊的行蹤，一直都保密；12月初進入新加坡海域。同時，新加坡總督譚瑪斯爵士（Sir Shenton Thomas）和遠東統帥布祿卜咸爵士（Sir Robert Brooke-Popham）宣佈新加坡進入緊急狀態。

# 第四章

血戰十八天

## 深溝高壘　如履薄冰

　　戰爭前夕，新界北部已成為禁區，閒人不得進入邊界，沿途層層鐵絲網封鎖，哨崗和碉堡星羅棋布，通通髹上了防空掩護色彩，的確是刁斗森嚴。港島北面海旁遍豎高達十呎的鐵絲網，再加上攔阻和防禦的工事，機槍陣地相望不絕。港島南部的海灘也成為禁區，亦毫不例外地構築了防禦工事。市區內很多大廈和全部的兵營、警署等亦都髹上了防空掩護色彩，以迷惑進襲的敵人。出名的醉酒灣防綫仿似銅牆鐵壁，山鳥飛絕。其他所有的山頂、高地和戰略點也都全設置了炮堡、機槍陣地和瞭望台。

　　1941 年 12 月 6 日是星期六。政府機關、商行等下午循例是休假。那天還舉行賽馬，快活谷堆滿了人，熙來攘往。皇家蘇格蘭兵團樂隊還從深水埗軍營渡海到馬會來演奏，以娛嘉賓。

　　同日下午，英格蘭米杜息兵團還在木球會玩欖球。

　　晚上，香港大酒店及半島酒店都有盛大的宴會及舞會。而在後者舉行的以籌款購戰機為目的，楊慕琦總督也有出席。

　　不過，這一晚氣氛已顯得異常緊張。近午夜時分，宣佈所有部隊人員，須速回所屬單位報到。在所有的電影院裏，銀幕上也顯示了這緊急的消息，同時並籲請全部船艦人員，速回船艦報到。

　　香港軍部最高指揮部和情報科，作出了這樣的備戰安排，自然有其消息來源和見地。而能夠在敵人發動戰爭前一天半就作出這樣的警戒，亦可算是無懈可擊的了。相反地，在同時期珍珠港的美軍將領和兵士，被日軍突然襲擊時手足無措，顯得一派窩囊。

　　12 月 7 日星期日早晨，港督和軍政僚屬及社會高層人士仍照常到聖約翰教堂參加傳統的主日崇拜。儀式在進行時已有高層人士竊竊耳語、中途離座等不尋常舉動。正午時分，當局宣佈進入緊急時期，所有部隊及服務單位均已各就各位，作好應變的準備。

## 不是演習！

　　1941 年 12 月 7 日凌晨，日本首先發動針對珍珠港的攻擊。日本的進攻戰略，是首先佔領太平洋的主要戰略地區，然後南進攻取美、英、荷的殖民地，包括菲律賓、馬來亞、新加坡、印度尼西亞和緬甸等，掠奪其資源以支持戰爭。

　　1941 年 12 月 8 日星期一凌晨，情報科長博沙少校

（Charles Boxer）徹夜不眠，在作戰總部細心聆聽東京電台的播音。四時四十五分，東京向全世界日僑廣播，說立刻就要向英美宣戰。破曉之前，各級將領已經在總部齊集，莫德庇司令隨即宣佈香港進入了戰爭狀態，各單位馬上行動。照原定的策略，窩利斯准將（C.Wallis）防守大陸，加拿大的勞森准將守港島，另一名准將皮佛士（A.Peffers）留在總部任參謀。

同一時間，工程兵在步兵掩護下炸破了邊境的通道、橋樑等，使日軍要多費一些努力才可以過界。港方駐邊境的軍隊不多，作用不在阻擋日軍渡過深圳河，而是增加他們向南推進時的困難。

當時日本駐華南的主要兵力是第二十三軍，司令官是酒井隆中將。酒井在日本將領中的班輩很高，在華經驗老到，而且參與了幾場大屠殺事件。1928 年濟南 "五三慘案" 發生時，酒井任總領事武官；後來任天津駐屯軍參謀長；1937 年任師團長，參與 "南京大屠殺"。攻擊香港的任務，就交予二十三軍屬下的第三十八師團，約佔二十三軍的三分之一兵力，再加海空軍和其他輔助及後援部隊，人數在一萬五千人以上。

三十八師團長是佐野忠義中將，主要的助手是伊藤武夫少將，專責指揮步兵；內分三個聯隊（團），每個聯隊再分為三個大隊（營）、一個大隊的標準人數是一千二百五十人。從 12 月 1 日以來，第二二八、二二九、二二〇這三個聯隊在邊境結集，候命出擊。

開戰的第一天上午八時，日機三十六架首先轟炸啟德機場。它們低飛射擊，命中率很高，使一向低估日軍實力的英軍將領驚愕不已。只用了五分鐘，連警報也幾乎來不及響，五架古老的軍機和八部民航機已經全數被炸燬，整個機場變成廢墟，飛機殘骸滿地。一下子香港的空軍完蛋了，制空權也喪失了，以後十七天任由日機在空中為所欲為。空襲時，大多數市民都以為是演習，後來才發覺不是演習，真的戰爭已經開始了。

8 日上午，戰事一起，港九渡海交通馬上受到封鎖。在平日，從海港一邊到另一邊，唯一的方法是坐渡輪、小汽船或小艇。渡輪有天星小輪、油蔴地小輪、小電船、駁艇及搖櫓的舢舨。當局隨即宣佈，由香港可以自由過九龍，但是由九龍過港，除了軍人之外，其他諸色人等須先到九龍尖沙咀碼頭以北約三百碼處亞士厘道西人青年會旁登記身份及過海理由後，才可領通行證，再排長長的人龍等候登船過海。人潮擠得水洩不通，情況一片混亂。在渡輪碼頭旁邊不時有數十隻小艇等候，趁着巡警走開，便招徠人客下船，每人收費兩三元，是平日價錢的十倍。在油蔴地避風塘，也同樣有小艇兜客的情況，不過，巡警一到，船伕就連人帶船駛得遠遠避開。

同日上午，日軍很迅速地建造浮橋和臨時棧道，渡過了深圳河，分兩路入侵新界。第一路由二二九聯隊負責，直入打鼓嶺平原，南下趨大埔。第二路由二二八和二三〇聯隊負責，從羅湖西側切入，斜向西南攻凹頭區，再轉東南攀大帽山西麓，攻襲醉酒灣防綫西翼。

英軍因為蓄意固守醉酒灣防綫，所以在防綫以北的佈防，目的不外是破壞通道和拖延時間；日軍在新界北部，還沒有遇到頑強的抵抗，第一天的黃昏，已推進到新界大埔墟。在那裏印度軍彭加普一連人和日軍略作周旋，炸燬了一些橋樑後，便乘夜退到沙田。

9 日一整天，他們據着城門水塘以東的地方 —— 火炭、針山一帶，纏着日軍先遣部隊，並阻止他們渡過吐露港去攻擊防綫的東翼。到了黃昏，日軍來勢洶湧，彭加普軍便向南撤退，進入城門防綫和大夥兒固守。

從西北攀越大帽山而來的一路日軍，沿途在新田、凹頭、錦田等地區沒有遇到什麼阻擋。9 日下午經已抵達城門陣地之北，跟着盤算怎樣奪取這個要塞。這一天深夜月黑風高，兼下着雨，日軍老早配好山區作戰的裝備，沿途又得第五縱隊帶過險峻崎嶇的山徑；客觀條件對守軍很不利。

窩利斯准將的大陸兵團統屬的三營人馬是：蘇格蘭營、印軍彭加普營和拉治潑營。"蘇"營居西，守着醉酒灣至城門水塘一帶的高地。"彭"營在中陳兵在城門河南岸、沙田谷、大圍和沙田圍一帶。"拉"營負責東翼，控握着沙田坳、大老山、飛鵝嶺至鯉魚門一帶。西翼和中翼之間，在下城門水塘的邊緣，又有一連拉治潑軍增防。

9日午夜，日軍傾全力急攻西翼，轉眼間蘇格蘭營的城門陣地崩潰了，要退守南邊的金山、孖指徑地帶。東翼和中翼的印度守軍，遠水救不了近火，來不及堵塞漏洞。同時，攻西翼的日軍分一支沿青山道從荃灣、德士古半島（現在的葵涌德士古道處）一帶直撲荔枝角了。

10日，雙方在西翼僵持整天，港方總部還派了一批溫尼伯榴彈兵增援，但日軍來勢很兇。香港海軍也有一艘第一次世界大戰時下水的炮艇在葵涌海面助陣，對着正在青山道推進的敵兵炮轟。日機也輪流轟炸，西綫戰情危殆。

11日上午，金山失陷了；城門水塘全綫盡失，總部迫得下令撤退回港島，以保全實力。新界南部火力最猛的防綫既然陷落，九龍半島也只好放棄了。撤退步驟和路綫，可又是一個不小的問題。

原定的策略是西翼的蘇格蘭營向南退到深水埗渡海；中翼和東翼的印軍就要沿防綫向東和東南走，到東端的魔鬼山（鯉魚門北岸）極力防守，看時機才渡海回到港島。這種戰略是避免在九龍市區和敵人巷戰及散渙民心。另一理由是估計日軍倘要進攻港島，必定選擇從最窄的鯉魚門渡海。

11日黃昏，守西翼的蘇格蘭軍和溫尼伯榴彈兵撤退到了深水埗碼頭，隨即乘船回港島，隊伍還算整齊。中翼和東翼的印軍——"彭"營和"拉"營——也在同一時間帶了輜重，在黑夜中翻崎嶇的山路向東走。"彭"營殿後的一連卻迷了路，跑錯方向到了九龍城，沿途與日方的第五縱隊巷戰。最後抵達尖沙咀，在12日午前返回港島。

先行撤退而沒有走錯路綫的大隊人馬在12日凌晨開抵東九龍的魔鬼山，早已疲乏不堪。因為日軍已經陸續進入了新九龍地區，原本緊守魔鬼山的戰略迫得要放棄，以免給敵人包圍。"彭"營和"拉"營終於在13日凌晨從鯉魚門過海。大陸軍團的撤退，至此全部完成。

其實，香港整個地區的防禦，除了上述的邊界和醉酒灣防綫兩道防綫之外，第三道防綫是維多利亞海港。香港島是整個地區的政治、經濟和文化中心。政府各部門的辦事處，除了分區的警署外，全部都設在香港；沒有一家銀行的總行是設於九龍的；高官的官邸和紳商的寓所，十居其九都在香港島。故此，戰前既定的軍事策略是：萬一九龍棄守，所有精銳都集中到香港島上來，以四面環海之險，拼命固守。這樣一來，當日軍層層向南突破、守軍節節敗退的時候，有必要堵截港九之間的交通，使九龍的人，除了守軍部隊和公職人員外，不得湧過香港來。不過，從香港過九龍的人，卻不受限制。只怕過了海之後再要回到港島來，麻煩可大了。

## 太陽旗幟　遍插街巷

　　開戰僅僅五天，新界和九龍全部陷落在日軍手裏。他們下一個步驟是進攻香港島。現在先補敘一下那五天中市區的狀況。

　　每天，九龍和港島都毫不例外地備受空襲和大炮轟擊，這是香港開埠百年來破天荒的事情。幸好除了 8 日早上地氈式炸啟德機場之外，其餘的都是零星空襲，日軍出機不多，因此市民的傷亡僅屬少數。不過有幾次日機找錯了軍事目標，炸彈誤丟到鬧市中，造成不小的傷亡。

　　日軍偷襲珍珠港掀起太平洋戰爭後，中國航空公司（CNAC〔China National Aviation Corporation〕）和歐亞航空公司（EAC〔Eurasia Aviation Corporation〕）立即中斷從大陸飛香港的航班。

　　日軍空襲香港的頃刻，該兩家航空公司停泊在啟德機場的民航機全部被炸成廢鐵。

12 月 8 日清晨，啟德機場雖然被日本空軍炮火摧毀了，但是 8 日、9 日和 10 日每天晚上都有外來的民航機或貨機在破爛的跑道上降落、接了人後再匆匆飛走。飛機夜航和在這種情況下升降是極其危險的。不過從重慶派來的專機，指定要冒險接走政要，就不得不冒險了。宋慶齡姊妹是 8 號晚才登上專機走的。孫科也是最後一批才坐機離開。

　　在九龍，交通完全停頓，滿街都是人潮，到處亂竄。每個成年人的心中總縈繞着兩件大事：搶購糧食和躲避轟炸。有一部分市民為了職務或生意所需或以九龍的安危為慮，設法渡海到港島去，不過因海港交通已遭封鎖，故成功率不高。戰事一起，很多店舖把物價管制規條忘記得一乾二淨，拼命抬高價錢；有些索性關了門，把糧食和貨品屯積起來，暫時少做生意。紙幣的流通量，也成了大問題。要在市面上買的多是米糧和日用品，小額紙幣一元、一角等最切實用，流通快，普通人家便盡量積存起來，留待後用。大額紙幣像一百元、五百元等最不受歡迎，用起來可能只當七、八折。一元紙幣的流通量變得枯竭了，港府迫得採取變通辦法，將中國銀行未發行的一批五元紙幣，加蓋港幣一元字樣，在市面臨時周轉。

　　漢奸和日方的第五縱隊，早已在九龍匿伏多時。平時所做的準備功夫，現在一一拿出來以擾亂社會。倉中儲存應急的一包包救濟米，被發現有些已給攙入砂粒。滅火的盛水桶，發現下半部注入了火水。有些歹徒身上懷着發報機和日人預早發給的通行證。城門防綫失陷後，大批纏臂章自稱是"勝利友"的搗亂分子四出搶掠，其他的不良分子也趁機蠢動。總之，市面秩序一片大亂。

12日英軍撤出後，日軍的正規部隊入城前，九龍變成無法無天的世界，滿街都是匪徒和流氓，隨處叫囂騷擾，搶劫和勒收保護費是他們的拿手好戲。加以發電廠被毀，夜間全城漆黑，更助長了非法勾當。第五縱隊分發的日本太陽旗，插遍了街巷。

最令居民感到對抗日軍戰事絕望的，就是當時傳出英艦"威爾斯王子號"和"卻敵號"10日在新加坡以北暹羅灣被日機炸沉的消息。

港島方面幸得軍警嚴密監視，局勢比較平穩。戰爭中，不獨升斗市民叫苦，外籍人士和社會高層分子的生活一樣不好過。山頂區很多住宅都因軍事上的需要被徵用了，各住戶要在告羅士打酒店暫住，其他的大小酒店均告客滿。每個房間都很擠迫，還有不少人要睡在走廊或客廳。

平日車水馬龍的馬會看台和大樓，被徵用做急救醫院；掃桿埔的東華東院也成了軍醫院。醫生除了救死扶傷，一有空還要教授速成的急救和護理課程，以便有多些輔助人員幫忙。

日軍在九龍的大炮，日以繼夜的向港島軍事據點轟炸。守軍也間歇地還擊，其中兩個目標是昂船洲和荔枝角的油倉，務求敵軍不能利用遺下來的資源。西環海旁的倉庫，也給日軍炮火擊中燃燒。大家的戰略都是在毀耗對方的資源和補給。不過，日軍留有餘地，他們深知香港的倉庫儲存不菲，垂涎欲滴，故此不以燒光為務，僅借間歇的轟炸以威嚇英軍。

## 首相來電

正當九龍陷敵之際的 12 月 12 日，英國首相邱吉爾發電報給港督及眾將士，以資激勵士氣，望他們能固守港島，電文如下：

"諸君給予香港此一海港重鎮之頑強保衛，余等日夕注視。汝等正守衛世界文明中名聞遐邇貫通遠東及歐洲之通道。余等深信面對野蠻悖妄之侵襲，予以迎頭痛擊，保衛香港一役足可名留大英青史。

諸君目前之逆境，余等感同身受。諸君抗暴之努力，使余等距離必然之最後勝利，日近一日。"

## 日軍圖謀　偷襲港島

　　楊慕琦爵士的秘書是英籍官學生（政務官）查理·李（Charles Rene Lee）。李君任職剛好三個月，他的太太便在戰爭中出了名。12 月 12 日，日軍在九龍一家住滿難民的旅店中找到了李太。因為她身份特殊，正好加以利用。13 日上午九點多鐘，三名日軍官和一名傳譯員帶同做人質的李太乘一艘小氣艇，豎起白旗，駛到皇后碼頭遞招降書。同行的還有一位與和談無關而快要臨盆的俄籍麥當勞太太，日人特准她來港進醫院。博沙少校接過了酒井隆的書簡，就飛車到總督府傳遞。只短短的二十分鐘，楊慕琦爵士就拒絕了招降的要求。博沙遞了覆書，目送李太和日人渡海回去。

　　戰端又開始了，日方的炮火比前更密集、更猛烈。

　　此後五六天，雙方隔港對峙，炮來炮往。敵軍後援補給，源源不絕，又擭取了守軍撤退時丟下的軍需品，聲勢自然更盛。

　　反看守軍方面，完全喪失了制空權，曾經參與九龍戰役的都疲乏不堪，補給越來越少，在後援絕望的情況下，變成了困獸鬥。強弱懸殊的形勢，擺得很清楚，守軍自知是負隅頑抗；而日軍在招降書裏指出：他們已佔據了新界和九龍，如守軍不投降，攻勢必將升級，在港島的一百萬居民盡要遭殃。

　　為了保衞香港島，各正規、輔助和支援單位要總動員。華籍和外籍人士組成的義勇軍也聯袂出動，其中由外籍紳商名流組成、隸屬義勇軍的"老爺兵團"也奉命守衞北角發電廠。

　　港海裏佈滿了沉船幾十艘，都是自鑿沉沒，以免資敵。12月12日，大隊人馬從大陸撤退到港島的時候，停泊在港海的古老戰艦"添馬號"（H.M.S.Tamar）也給鑿沉了。同一天晚上，有一艘滿載火藥的汽艇，在撤退中準備在中區海旁泊岸卸貨。因為比預定時間早了兩小時，又碰上天黑霧大，岸上守軍以為敵人偷襲，竟然開火射擊，爆炸震撼了縱橫一里的空間，港海的沉船又多了一艘。

　　日軍又實行心理戰：在尖沙咀碼頭裝置了強力擴音器，用英語向香港方面廣播，勸喻英軍不要以卵擊石，最好放下武器，趁早回到祖國與妻兒歡度聖誕云云。日機又空投很多英文傳單，呼籲不要負隅頑抗，免招致無謂犧牲。事實證明，這些心理戰和宣傳攻勢，並不奏效。

　　同一時間，受日方指使的探子在港島很活躍：他們四處散播謠言，說日軍登陸在即；又特別注意英軍傳訊網，想伺機破壞；有些更在夜間用手電筒發訊號給九龍日軍，示知守軍的陣地和炮位，好使敵人事半功倍。

　　12月13日，中國駐港代表者陳策，收到第七戰區司令長官余漢謀的電報，說中國先頭部隊快要開抵香港邊境，扴敵人的背後，眼看即可解香港之圍。不過，駐港三軍司令不抱樂觀態度：他推測在年底之前，中國軍隊沒有辦法結集強大的力量與日軍在邊境一較高下。

隔岸的炮火越來越密，空襲的次數也越來越多。15日敵軍想渡過鯉魚門海峽登陸，並不得逞。17日上午，有十四架輕型轟炸機分兩批在東區、中區和山頂區投彈。是日中午，日軍的"和平使者"坐小船渡海，再來招降。博沙少校和前次一樣，趕着送信到港督府。經過個把鐘頭，楊慕琦爵士作出了答覆，峻拒敵方要求，並說以後毋須再談此事。下午四時，日軍繼續發炮，中彈起火的地點包括西環海旁貨倉、灣仔海軍船塢、北角發電廠和火油倉。有一小隊日兵還趁黑混到太古船塢沿岸一帶，探察形勢，然後潛回九龍報告。

經過幾天的觀察和研究，日軍終於在12月17日選定搶攻港島東北部，計劃在那裏登陸。他們部署分三路偷襲，每路人馬有二至三大隊（營），分別由第三十八師原日攻新界的聯隊（團）大佐（相當英美制的上校）率領，總人數約八千人，東翼攻鯉魚門炮台和筲箕灣，由第二二九聯隊大佐指揮兩大隊執行任務。中翼攻太古船塢，由二二八聯隊屬下的兩大隊負責。西翼攻北角沿岸的政府倉、電廠、油庫一帶，由二三〇聯隊的三個大隊主其事。

17 日晚北角油庫中彈，到 18 日晚大火還沒有熄滅。加上天黑下雨，海港上煙霧瀰漫，視野不清。日軍便趁着這個難得的機會，從九龍乘坐一百多艘大小船艇，照原定計劃進行偷襲。守東北部的印軍拉治潑營，人疏勢弱，有點猝不及防，雖然在強烈的探海燈下，用重機槍密集掃射來犯的敵人，終也抵擋不住，迫得向南和向西撤退。日軍死傷雖眾，但到了晚上十點時分，在三處登陸點都取得成功。

日軍登陸後，絕不放鬆，隨即摸黑向南邊的高地推進。途中遇到不少頑強的抵抗，但到了 19 日上午，港島東面的三個山頭 —— 柏架山、畢拿山、渣甸山 —— 都已經落入日軍的手中了。

## 黑色的聖誕

日軍的東翼攻取了鯉魚門炮台和筲箕灣，在那裏幹了些冷血屠殺之後，便向南直取守軍東團設在大潭的指揮部。港島東南主要是由加拿大來福槍營駐守，但敵不過日軍的進迫，要退到赤柱半島以北一帶。

中翼在太古船塢建立了灘頭陣地，就乘夜把輜重、車輛等運過海港，和西翼的聯隊滙合，猛攻渣甸山。那處是必爭之地，向西俯瞰黃泥涌峽，向南遙指淺水灣；控制了那個區域，便等於把港島的防守破為東西兩半，切斷了彼此的聯繫。19日午後，這地帶失陷，令本來駐守在灣仔、跑馬地區的蘇格蘭營，和在港島西南區的溫尼伯榴彈手營，欲救無從。港島西團的指揮官勞森准將力戰陣亡。19日晚上和20日下午，日軍分別開進跑馬地和淺水灣。

在藍塘道一帶，敵軍大肆殺掠。跑馬地臨時傷兵醫院的護士，多數慘被強姦。隔鄰李樹芬醫生主持的養和醫院，僥倖沒有受到騷擾。淺水灣酒店和濱海的余園，又是一片殺戮景象。

19日從早到午，日軍的船艇還是源源不絕地運兵過海。守軍拼力截擊，且出動魚雷快艇，可是快艇再快也越不過兩岸日軍的火網，結果不是負傷而逃就是被擊中沉沒。此後日軍就肆無忌憚地在東邊增兵渡海。

華理斯准將指揮的東團，還勉強守着赤柱至春坎角一帶；幾次想反撲向大潭和淺水灣，都沒法衝破日軍的包圍網。守西南方的溫尼伯榴彈手營，費盡氣力也搶不回黃泥涌峽。淺水灣的據點經過三天苦守，終於在23日陷落。在南岸助守的碩果僅存的小型軍艦"土佳勒號"，也遭日機轟炸沉沒。日軍就這樣巧妙地把港島切成東西兩半；整個殖民地的淪陷，只不過是早晚間事。

18 日晚上北角發電廠在劇戰中受到嚴重的破壞，全港電力供應斷絕，漆黑一片，連警號也響不起來了。20 日，日軍完全控制了全港最大的大潭水塘，斷絕了食水供應，這對大部分的地區是一個致命傷。在槍彈橫飛的市區中，公價售米站前的人龍仍舊保持完整，因為沒有米糧，死亡也是必然的。此外，絕大多數的居民，如果不是極重要或緊急的事，都躲在屋內或防空洞裏。

九龍失陷後，香港居民很擔心港島快要重蹈覆轍。日軍在北角登陸，消息很快的傳遍城市的每一個角落；在民心方面，香港是輸定了。有不少華人防衛和輔助人員，在制服底下都穿上了便服；眼看日軍快要來到，就卸下頭盔、制服和裝備，棄在一旁；連特別身份證件也予以銷燬，免致日後惹上麻煩。當時的竅訣是："走為上着。"這多多少少代表了部分香港人的心態。

因為地理上的差距，英國政府和香港的聯繫只靠電報，所以對戰情了解不夠透切。九龍失陷後，首相邱吉爾在 15 日來電，慰勉有加，說香港如果抵抗下去，盟軍可以早日戰勝敵人。得悉香港兩度拒降，英廷便再在 18 日來電打氣。

21 日下午，重慶英使館的武官拍電報來，說中國軍隊最快也要在十天後才開抵香港地區，在這以前或者可以轟炸敵後機場來阻嚇一下。這消息無異宣佈外援絕望。

當時莫德庇司令向港督分析戰局，說中區早晚會給敵人包圍，但在攻防過程當中，廣大的居民被殃及是勢所必然的。楊慕琦爵士因此向倫敦請示，建議在戰局未到無可為地步之前就要和敵人談和。倫敦對這個建議不作答覆。那天傍晚，楊氏向所有戰鬥單位發佈告，叫大家繼續殺敵，為的是英帝國各地都以香港為馬首是瞻。

22 日，從中國方面有三架轟炸機在六架戰鬥機護航之下，轟炸九龍的敵軍據點，軍民一度人心大振。不過這轟炸只是曇花一現，沒有了下文。

23 日邱吉爾向楊氏下命令，說不能懷有投降之意，要頑抗到底，盡量消耗敵人的性命和配備，就算巷戰也在所不惜，因為多拖一天，盟軍就多得有利的戰果。措詞間並且以崇高的榮譽說動官軍。

不過，以當時情況來說，真是大勢已去。敵軍步步緊迫，佔據了金馬倫山高地，沿馬己仙峽道直下中區。灣仔峽和摩利臣山區域也陷落了。此時食水僅可供一兩天飲用。通訊系統大部分斷絕，單位之間聯絡和運輸都很艱難。24 日，莫德庇將軍對楊慕琦爵士說，戰局已到了無可挽救的境地，抵抗下去只有犧牲更多性命。楊氏的看法是，捱得一天就一天，以符合上峯的旨意。

1941 年 12 月 25 日聖誕節，全港一片愁雲慘霧，槍炮響個不停。最注重這節日的英國人，不會忘記向別人致意。邱吉爾向香港軍民稱說這是歷史性的一天，仍囑咐大家堅守。港督也向各個戰鬥單位致意，鼓勵抵抗到底。隔海的日軍也通過播音，向英勇的英軍祝賀聖誕，但提出警告，說二十四小時內不投降就會玉石俱焚。

早上，被俘的立法局議員蕭爾德氏（A.L. Shields）受敵軍威迫，穿過前綫，進入守軍陣地，代日人向港督勸降。楊氏和僚屬商議一番，仍然不想改變初衷。

中午，敵軍火力加強。下午二時，楊氏向殖民地部拍電報告，謂已進入巷戰階段。三時，楊氏和莫氏，加上海軍司令、輔政司、律政司幾個人會商，一致認為必須停火。四時之前，各單位收到停火的通令，給殖民地部的電報也送出了。

日軍堅持要楊、莫二人親自到灣仔的地區指揮部談判，否則一到下午六時半，又要再轟中區。兩人只好照辦。

到傍晚，他們代表整個殖民地，在九龍半島酒店向日軍總司令酒井隆無條件投降，做了俘虜。

在赤柱的華理斯准將，因為跟總部失去了聯絡，遂繼續向進攻的日軍開火，等到午夜才停火投降。這延長的抵抗，觸怒了日軍，招來了一場兇殘的屠殺。在聖士提反書院裏，近百個傷兵和手無寸鐵的被俘軍士，就這樣全部遇害。有七八名護士亦遭姦殺。

另外，有一羣海軍將領早有計劃坐魚雷快艇突圍，倡議者是重慶政府派駐香港的代表陳策將軍，成員包括了海軍中校簡秩、蒙太格、伊羅夫和陳策的兩名助手等人。五艘快艇在香港仔海灣西部齊集，在晚上七、八時左右突圍。結果他們險死還生地衝過日軍火網，過了午夜才抵達大亞灣畔南澳的地方，經游擊隊協助脫險，成為這次戰役中的傳奇人物。

"黑色的聖誕節"，打破了百載繁華的幻夢。一百六十多萬居民，與那些解除了武裝的兵士，前途茫然一片，不知道明天會發生什麼事。

# 第五章

## 覆巢之下

# 入城之前　大亂三天

　　戰火停止後的香港，市面一片死寂。蟄伏在家的居民，沒有人膽敢外出。在市區的商業和銀行中心，有數以千百計藏身於銀行大樓或大廈辦公室內的外籍人士，也只好繼續匿伏，連炊煮也在那裏進行。戰前和戰時在市中心數家酒店，越來越擠迫，因為逃進去避難的人，一日比一日多，有些房間則特別闢作日人軟禁政治人物之用。

　　在平民居住的區域裏，搶掠、打劫、恐嚇、勒索、毆打傷人、收保護費，甚或強姦等，無時不在發生，而且防不勝防。有些景象，實在令人啼笑皆非。例如，日軍進佔九龍的時候，國民黨政要陶希聖的家人，在街道上跟着千百羣眾流竄時，遇上流氓截停搜身，掠去一些錢財之後，發給他們一張紙條，上面寫着 "心胃氣痛散"，說可做 "護身符"。果然，再遇另一批流氓搜掠時，出示紙條，便放過去。黑社會的堂口亦各自劃分地頭，圈定勢力範圍，互不過界。在住戶門上貼上已交保護費符號的，給再劫掠勒索的機會也大為減少。

　　在九龍半島，流氓和暴徒的肆虐，早在日軍攻進新界時即開始。他們趁着英軍和警察已撤退、日軍還未進來的真空，大舉搶掠和勒索。一到晚上，街上沒有燈光照明，更助長了壞人的不法活動。縱使在白天，流氓一樣公然將米糧等必需品炒黑市，和挾持載客偷渡海港的汽船、小艇，勒索金錢。12 月 12 日九龍全部陷入日軍手裏，港九交通完全斷絕。日軍更以九龍為基地，向香港島的守軍頻頻發炮。

攻進新界和九龍的日軍，肆意姦淫劫掠和殺戮，無惡不作。日軍打前鋒的，一般都不屬嫡系部隊，多數是朝鮮人和台灣人，軍紀素來很壞。他們每攻佔一地，最初幾天長官照例不聞不問，放縱部屬胡為，無法無天，其兇殘處有類小型的屠城。其中一項最令婦女喪膽的就是日軍每到一處，總有些不良分子跑到民居強行入屋，搜索劫掠而外，還聲稱索取“花姑娘”。給日軍強姦的事例，罄竹難書。當時著名影星梅綺也是一名受害者。她和紅小生張瑛剛結了婚，原本住在九龍城，但因戰火蔓延，鄰近機場是十分危險的，故此隨着大觀電影公司的職演員避到該公司位於往西貢清水灣道口的新片場去。豈料從新界攻進九龍的日軍，其中一路是從西貢來的，大觀片場是必經之路。獸兵進入片場看到漂亮女星，那肯放過。可憐梅綺就在新婚夫婿面前，慘遭污辱。遭同一命運的還有女星林妹妹等。有些坊眾組織了街坊自衛隊，目的是使該區域安全得到保障，免受暴徒的侵擾；但是對付日軍的強暴行為，卻是無效的。因此婦女往往穿破舊的衣裳，以油污泥垢塗臉，作為掩飾，避過日軍的注意。而且每當日軍強行登門入屋，居民即隨手敲擊鐵鍋、臉盆、鹽口盅等金屬器皿示警，同時鄰戶亦響應敲擊，令闖入者知難而退。故此在居民稠密的區域裏，晚上敲擊的聲音，此起彼伏，聽到的也為之淒然。甚至在局勢平定後很久，日軍也往往無理肆暴，居民永遠無法放下擔憂。主持養和醫院的李樹芬醫生和他的夫人也為十五歲幼女的安危掛慮。醫院本應是安靜的場所，等閒不受騷擾。一次預知日人將會進院搜查及點檢儀器設施，李醫生就把女兒喬裝成病人，連手腳面孔全用繃帶包裹，只剩下眼睛，避開眼露淫光的日人。

停火之後，整個地區依舊斷絕水電供應。戰敗的守軍在日軍監視下，解除武裝，各按單位集中候命。戰死的軍士屍骸遍野。日軍只顧對自己的同胞救死扶傷和收殮死者，卻不許英軍去做同樣的事情。在原醫務總監司徒永覺和幾位香港大學教授哀求之下，日軍才允許少數英軍和港府人士去搜索生還者和殯葬死亡者。

在這段時間，雖有零星的姦淫擄掠事件發生，平民因知道日軍已控制了大局，而又不肯定日軍下一步會做什麼，故不敢輕舉妄動，連帶暴徒、流氓、黑社會分子也暫時隱伏不動，靜觀其變。

十八天戰役結束後，港九大小街道都擠滿了小販。他們並不全是原職做小販的，他們原來可能是工人和店員，可能是老闆，亦可能是洋行文員，或者是中學生，又

或者是家庭主婦。在兵荒馬亂的情況下，他們急於出來掙
錢去買米糧以維持生命。而其他物品：奢侈品、次要的日
常用品都變得無用了，一般家庭都不再需要，反而急於將
這些東西變換成錢去買米。他們賣的東西除了故衣外，還
有家中物品，如錶、時辰鐘、擺設、銅器、銀器、金屬物
品及文具、舊書籍、舊字畫、大件的家具、枱檯、衣櫃、
床、箱籠等等應有盡有，只要能賣的都拿出來賣。只要有
錢就可以買到許多平時買不到的東西，而且還可以用賤價
買到。用米或其他糧食來換取這些物品，不但可以，而且
非常之受歡迎。但是，還是用錢買這些東西的人較多，用
米糧來換這些物品的較少。當時拿着米糧上街是有許多風
險存在的：隨時會被人整袋米搶走，甚至被人打倒後再搶
走米。主婦們如果拿着一些糧食或小量的餸菜走在街上，
這些物品雖用鹹水草或繩子綁着，無論是肉食或蔬菜，只
要被人發覺是可以果腹的東西，就往往會被搶去。搶劫者
或用刀或用剪刀將鹹水草或繩子弄斷然後搶走物品。如果
是現成的食物，搶劫者即塞入口中，有多少吃多少，失物
者也無謂去追了。在兵荒馬亂中能保存性命已是非常僥倖
的事，其實吃什麼，用什麼食物來充飢，人們已經不再那
麼計較的了。肉食在當時非常之缺乏。軍用的馬一死了，
就會被人拿去當作牛肉、豬肉或者其他常食的肉類賣。狗
就更是被人毫不猶豫地宰了，然後大食其肉。所以十八天

戰役後，市面上根本不再見有狗，幾乎所有的狗都被人佐膳了。亦有人把老鼠捉來劏吃充飢。這種飢餓的慘況是令人不忍卒睹的。當時米價視乎供求。米的供應簡直少到無可再少，而需求量卻非常之大。因此黑市的米價比平日所賣的米價不知要高多少倍，大概十至二十倍之間。以前米價是一角多錢一斤，黑市的米價卻每斤超過一元、甚至二元，而且還不是經常能買到的。

## 榜書總部大門匾額

1942 年夏，日佔總督磯谷廉介見辦公樓（舊日滙豐銀行大廈）大門缺牌匾一塊，請書法名家榜書"香港佔領地總督部"八個大字。時香港已淪陷數月，民生凋敝，歸鄉之人動輒數十萬，留港的居民只及承平時的一半。治港日軍當局物色書法家實在困難。日人經明查暗訪，圈定書法家鄧爾雅是可以說服的對象。

鄧氏住在跑馬地奕蔭街。某日，一位副官聲稱代表香港佔領地總督磯谷廉介傳達，先在客廳香案前向先輩遺像合什作深禮，繼而進入主題，請鄧爾雅先生書寫一副漢字匾額作為香港日人總督部的門首。鄧老起初想推辭，回想：這不算是威迫，亦不含要脅，雙方約定數天後鄧老親攜筆硯數事到總督部，把指定的八個斗方大字一揮而就，這事便有了交代。事後總督部命人送去鄧家一大袋藍綫包的白米(約重一百斤)，以代潤筆金，表酬謝之意。

其他跑馬地的居民，卻不見得幸運。某家住在高門大宅，日軍來了，一直懵然不覺，聽見嘈聲，就不假思索，逕自拿了自衛手鎗，其結果也不用多說了。其隔鄰也給日軍抄了家，翻箱倒篋，舉凡手錶等珍貴的東西自動奉獻，還怕日軍不領情，打躬作揖。住在藍塘道的紳士鄧肇堅，佯裝受傷者，滾在溝渠中，拾回一命。

## 走向集中營

12月31日，在赤柱戰敗被俘的英軍，在日軍的押解下，徒步十六英里到北角集中營。這些極其簡陋而破爛的矮木屋羣，原先是香港政府建成作為臨時難民營的，以收容戰前不斷湧進香港的難民。以前居住這裏的名額，只不過三百名左右。日軍佔據的北角，難民早就四散逃竄。日人就以這些木屋作為軍馬和軍騾的槽，地方很是狼藉和骯髒。在年底的最後幾天，日人陸續從香港各地將俘獲的守軍押解到這裏來。人數達到一千八百名。英軍最初抵達這個地方時，沒有水、電和廁所，蚊蠅孳生，痢疾四起。過了兩三個星期，情況才稍有好轉。

到了 1942 年 1 月中，部分在北角的戰俘，再要轉到深水埗集中營。那裏的情況和設施，不見得比北角的好。不過，1 月和 2 月之間，從北角營和深水埗營都有戰俘逃脫的事例。

到了同年 4 月，北角營的戰俘盡遷到深水埗軍營。以前屬於長官級的英軍戰俘有部分則轉移到亞皆老街集中營。

## 銀行家屈就客棧

並非所有敵國的平民從開始便羈留於赤柱集中營。這是有例外的。有一批為數達七十人的敵國銀行的銀行家和高級行員以及他們的家小，被集中安置在上環海旁的客棧達年半之久，其間他們每天都需要列隊步行上班，回到原任職的銀行去幹指派的工作。

這些客棧都是狹長形的舊木樓，一家有三層或四層高。北端可從干諾道（海旁）進入，南端可從德輔道（電車路）進入。樓上、樓下有窄長的走廊。走廊的兩側是一列列的房間。一層的房間有十多個，每個約八英呎見方。除了北端和南端的房間有向街的窗門之外，其他夾在中間的房間是沒有窗的，充其量也只能看到天井。房與房之間有板間，但是一般不到頂的。光綫和空氣都不充足。

1942 年 1 月中，日軍命令銀行的職員每天都要回銀行辦事。七十名職員每天早上九時從客棧列隊步行到銀行，途經德輔道。見到哨崗的日軍，各人均須鞠躬行禮。到中午十二時，各人從銀行辦公室下來，集合，列隊，又操回客棧。下午二時又操回銀行，到五時放工，再列隊操回客棧。整天都有日人負責指揮和監視工作。在銀行的工作不見得緊張，因為只是把戰爭日子裏漏記的帳項補錄和做結存，及做好準備日後發放存款。

婦女則留在客棧內清理房間、洗濯衣物、刷地板、燒飯和照顧小孩。這與他們戰前豪華氣派的生活，簡直是天淵之別。

清算敵國銀行是日軍政府的既定政策。英資的滙豐銀行、渣打銀行和有利銀行三家高踞敵國銀行的榜首。

1942 年 1 月底，日軍政府財務部召集所有銀行經理和負責人，宣稱為解救市民的經濟困難和發展經濟，華人、中立國人士及對日本友善國家的公民，每人可以從他們在敵國銀行內的儲蓄、往來或定期存戶提取港幣五百元，分三個月提取：第一個月提五十元，第二個月三百元，第三個月一百五十元。中立國的名單亦詳細列在日政府的喉舌報《香港日報》（*Hong Kong News*）之內。這些國家包括法國和比利時。

為此之故，有十多名比利時籍的銀行職員和家眷，獲准免予集中，得以離開其他銀行從業員的大隊，自行覓地居住，但須向憲兵隊申報。

為切實執行銀行提款，日軍政府經濟部將存戶身分分為四類：即（1）華人，(2)親日及中立，(3)不詳，(4)敵國人。

1月中，日本派多名對銀行金融事務有認識的專家來到香港接管和清算敵國銀行，同時籌備發放提款。這些專家包括了橫濱正金銀行的高級行員。

第一次五十元提款於1月底發放。日本經濟部金融課的頭頭訓令所有銀行經理，所有提款者需在支票或存款單背書簽名，聲稱其國籍，並須提交外事班（Foreign Affairs Department）發出的證明書及其本人護照，以茲證明。中國人則不須提交證明文件。除了這種明令限制之外，日人將發放提款全部有關工作交由各銀行經理們自行安排，日本有關當局亦不予過問。在此情況下各銀行從業員對提款手續竟可以作出彈性處理，使不少外僑及其家眷受益。

放款的那幾天，每家銀行外都有一條長龍，裏面有華人、印度人和若干第三國人士。在銀行櫃枱前出現了悲涼的社交場合：親朋見面，互問安好；有些相見恍如隔世；

有些近東或中東的第三國家僑民穿着其本國傳統服飾，希望有助驗明正身。

有好些歐洲（包括北歐）男士，因為參加義勇軍被俘羈留在集中營，但眷屬以第三國人身分提款，行員與提款者都絕口不提與被羈留者的關係，提款則照付如儀。有些英國人的眷屬拿着英籍丈夫以前簽下的授權信提款，行員也不問其丈夫死活，照樣支付。行員甚至秘密地將個人戶口改成聯名戶口，使戶主的妻子也可簽名取款。凡此種種行為，都全仗銀行從業員能趁機網開一面，令很多提款人受益。

發款的銀行雖然有日軍守衞監視，但頗多的中國和印度的提款者，乘守軍不覺，將小包裹的食物或衣物從櫃枱上交給外籍的行員，以資周濟；銀行經理和領班都視而不見。

第二次發放存款每人三百元在 2 月中日軍攻陷新加坡"祝捷"的次天舉行。

2 月底，第二次發放款項完結之後，日人賣個"人情"，准許敵國銀行的從業員，不論職位高低，每人也可提款五十元，算是對他們發放款項工作的酬報。同時又准許這些行員的家眷和子女每天可享有兩小時的自由活動，可離開客棧外出購物。購物不外購買糧食。主要食品極其缺乏，縱使有得出售，其價錢已被抬高了好幾倍。這羣仍有少許自由的外國銀行家就專注於華人和印度人素不喜食的雜糧，如乳酪、麥片、肉腸之類。但肉類和鮮魚昂貴非常。

到 3 月底，前後三次的提款發放宣告完成。外籍行員也總算依令完成了個人帳戶的點算和核對。當局對他們及家眷總算格外優渥，盡量改善他們在客棧的居住環境，吃的也勉強可以，還加上相當的寬鬆和自由，給他們發身分證，可以出外訪友和走動一下。

## 追簽銀紙

三家英資銀行 ——滙豐、渣打和有利 —— 是日人清算的主要對象。1942 年 4 月，總督部下令三行的高級經理須將戰前已印好但未簽名的紙幣從速簽名，使銀行有多餘資金，以利息和股息方式發放給存款人。以當時渣打銀行的儲備情況為例：結存的款項有一百萬元，而未簽名的新紙幣有三百萬元，面額分別為五元和十元。其實，在十八天戰役期間，銀行最高層已下令銷燬的紙幣，價值高達五百萬元。

故此這三家英資銀行最高層的三數位經理，每天的職責就是簽銀紙（紙幣）。原在戰前五元、十元面額的鈔票已算是大額的了。一百元和五百元的紙幣在市面真是難得一見。每張紙幣雖然印製完善，還只欠總經理和司庫的簽名，才可以發行。用的墨水是特製不脫不溶的。這程序無非是防止流弊及加倍謹慎其事。

被迫簽銀紙的高級經理們，極不願意執行此事。現在命令既已下了，只好敷衍從事，以蝸牛的速度去做。不時更找一些藉口，如生病、心臟衰弱、營養不良、眼和手有毛病等，所以簽銀紙之事不停，但進度奇慢。

日本的憲兵隊卻毫不放過尋瑕抵隙的偵查機會。1943年2月，滙豐銀行經理海特（C.F. Hyde）在辦公室給憲兵隊逮捕了，跟着就是拷問。隔不多久，該行的總經理格雷賓爵士（Sir Vandeleur Grayburn）和其他兩名經理愛蒙斯頓（D.C. Edmundston）和史雪菲特（E.P. Streatfield）都給憲兵隊覊留了。格氏和愛氏竟因受盡折磨和營養不良，瘐死獄中。

除了那批銀行家獲准不須立刻進入赤柱集中營，可以暫住在外面繼續工作之外，另外一個英國人也獲准在外面繼續工作，他就是港英政府的醫務總監司徒永覺。

通過軍政府總督的首席副官和衛生課長江口的緩頰，司徒永覺得以在日軍政府內協助醫療、醫院服務和救濟工作，達十五月之久。本來根據《日內瓦公約》（*Geneva*

Covention），日本須准許國際紅十字會派員到佔領地，視察戰俘和人民的情況。可是日本並不是公約的簽約國，故置諸不理。縱使司徒永覺極力使香港得到國際救援組織的注意，他只能組織了一個非官方的福利委員會，做些瑣雜的事項，令集中營的人士和廣大市民生活好過一點。結果一年後日人才准許國際紅十字會派一名瑞士籍的代表來港作視察員。

日軍佔領香港初期，敵國平民都被暫時安置在中上環海旁的旅館、客棧內，衛生情況很齷齪。後來司徒永覺建議將他們搬到赤柱。日軍頗採納這意見，並於 1942 年 1 月 21 日執行三千多人的遷徙，從此絕大部分的敵國平民就住在赤柱集中營內。

## 高等學府　難逃災劫

戰前，香港大學員生已訂好了一套應變之方，而且經常分組分工演習。萬一戰事發生，數百員生將投入各項防衛、救護、醫療，和支援服務。其實，早在抗日戰爭開始時起，港大師生對提供中國抗日的支援服務，極為熱心。尤其是醫科畢業生和在讀同學，發起多次籌募運動，親自押送藥物、醫療器材、設備等回國；有的更留下服務。

1938 年 10 月廣州陷日前後，嶺南大學校長李應林和香港大學校長史樂詩作了高度機密協定，將嶺南大學的員生及設備、儀器等移到香港大學來。在這系列搶救行動中，美國炮艇也參與運載工作。一方面免將人才及設備資敵，另方面免使嶺南學生荒廢學業。嶺南大學是在美國資源基礎上開設的中國大學，而學生當中，四人中有三人是家居香港的。故此從 1938 年 11 月至 1941 年間，港大與嶺大同學有同班上課的安排，而每天五時港大下課後，嶺大的晚間課程即接着展開，直到晚上九時、十時才結束一日的授課。在此緊張時局當中，港大與嶺大互相扶持，為中國青年的教育盡了不少努力。

在 12 月 7 日（星期日）緊急動員令發出之後，超過一百名大學師生須向義勇軍和其他防衛或救護單位報到。

8 日（星期一），日軍發動攻擊時，有部分學生不知戰事已展開，還走回港大陸佑大禮堂（Loke Yew Hall）準備參與畢業試。結果畢業試告吹，整個禮堂及其他課室變成了服務性質的臨時救傷醫院。

在港九攻防戰的十八天中，港大師生、職員及其眷屬，無論隸屬什麼前綫或後勤的單位，都各盡所能，把忘我的犧牲精神，發揮得淋漓盡致。

在炮戰中，陸佑堂有輕微的損毀。救傷醫院後來搬到

高一些的義律堂（Elliot Hall）和盧吉堂（Lugard Hall），
而梅堂（May Hall）則暫作教職員及家眷和外來學生棲身
之所。

　　日軍攫取了港島後，便在薄扶林一帶的港大實驗室大
肆搜掠，把貴重和精密的儀器、設備、標本以及檔案、實
驗報告、辦公室器材等搜刮一空。幾小時的野蠻行徑，將
大學人士多年的心血損毀殆盡。步日軍後塵的是本地的流
氓暴徒，他們將那裏的傢俬、陳設、書籍，盡數擄掠，使
這一帶的校舍形同廢墟。

　　日軍雖然搶走了香港大學的部分儀器和文件，校長史
樂詩卻成功地和軍政府達成一個君子協定：大學校園、設
施、圖書和教職員暫時仍可保持現狀，外籍教職員和家眷
自我集中於校園內，直至日人接收了其他原香港軍政機構
和人員後才予以處理。日人答應這樣做是因為大學是文教
機構，在軍事和行政上對日軍政府都不會造成威脅。因此
港大得以苟延殘喘。藉此之故，大學圖書館和馮平山圖書
館藏書，在陳君葆和其他人員護翼之下，得以全數保全，
也是大學不幸中之大幸。

　　參與前綫或後勤各單位的大學師生，有的傷亡，有
的戰敗被俘，有的四散逃竄，有些有家歸不得。大學裏的
授課工作，完全陷於停頓。港英政府投降後，有部分學生
回校看視，師生相見不勝欷歔。在此情況下，復課無望。

1941 年底要經過畢業試的醫科生，霎時遭逢大戰，眼看即將到手的學位無奈地溜走。校長史樂詩聯同大學高層商議後，決定提前給他們頒授學位，對他們過去多年來的辛勤研讀，有所交代，不致有前功盡廢的感覺。校務委員會於 1941 年除夕開會後，即於 1942 年元旦晚上在極其秘密的氣氛和港大有史以來最簡單儀式底下，在學生宿舍樓宇空隙的地上，舉行了頒授學位儀式。十四名醫科生獲授全科醫學士學位。隔了約三個星期，校方再決定頒授學位給還差半年便畢業的十五名醫科生。還頒授了其他學科的學位，計文科三十八人、工程科二十五人。

學位頒授過了，老師們對於完成了一項高等教育的重要工作，心裏有說不出的快慰，因為這批近百名的年青人從此可以名正言順地在社會上開展他們的事業了，不過同時要面對一項極其嚴峻的考驗。至於外籍老師和家眷，到 1 月 31 日便不能再逗留，須連同他們的家眷全部搬進赤柱集中營去。這批老師包括大學校長、他的秘書、八名教授、四名講師、圖書館長和註冊主任共十五人。

日人控制了大學校園後，香港大學的活動迫得化整為零。表面上教學、研究的活動是沒有了，但是精神上和形式上，它仍在三方面繼續生存：第一方面，逃離香港的大學生數以百計的還在中國自由區的各家大學繼續學業，而若干華籍的港大老師亦投身於這些大學任教。第二方面，身陷赤柱集中營的數十位大學老師仍繼續其雖小而備受限制但饒有意義的高等教育事業。第三方面，在大學校園內，雖然到處已是殘垣敗瓦，但陳君葆等幾位先生，死守書城，力保數十萬卷帙，使大學的圖書免遭散佚的災劫。有十名八名外籍老師，因參與防衛部隊，結果被列為戰俘，關進深水埗戰俘營；他們本來在那裏應可為大學的延續做點事。不過其中三名老師和一名文員在 1942 年 1 月中潛逃了出來，安全抵達自由區。他們是後來創組英軍服務團的生理學教授賴廉士（Linsay Ride）、工程科講師摩利（D.W. Morley）、物理學講師戴維斯（D.F. Davis）和賴廉士的書記李耀標。

港大人士素所樂道和引以為榮的就是一個很有創意的在敵後活動的軍事支援組織 —— 英軍服務團 —— 其兩名創始者都是港大老師。

第六章

# 歸鄉與逃亡

# 城陷逃亡

1941 年後半，無論是中英朝野和在港人士，都不約而同地作了一個很錯誤的推斷，滿以為日本不敢冒天下的大不韙向英美挑戰。然而，日軍在短短的十八天內就攻陷了香港，留在這裏的黨國要人、文化知名人士、各方抗日愛國運動領導人、紳商巨賈，一下子變成甕中之鱉，頓顯得手足無措。

大戰前夕，因公或因私留在香港的中國方面重要人物可分為三大類別。他們所屬的政治體系或政府各異，目標不同，因此各自做自己的事，互不相聞問。屬渝方國民政府一系的計有：孫科、葉恭綽、顏惠慶、陳友仁、鄭洪年、許崇智、陶希聖、陳濟棠、國民黨駐港代表陳策、國民黨中宣部駐港特派員鄧友德、《國民日報》社長陳訓畬等。屬南京汪偽政府一系的計有：梅思平、《南華日報》社長林柏生和鄺啟東等等。屬共產黨組織的有何香凝、柳亞子、廖承志、連貫、喬冠華、張友漁、范長江、薩空了等。

宋慶齡以孫中山夫人的身分和在黨國的崇高地位，對國共兩黨都有影響力，自 1939 年以來就留在香港，與國際友人創設了"保衛中國大同盟"，主要是保護婦孺和提供醫療服務給正陷於水深火熱中的廣大民眾。大戰迫在眉睫，宋慶齡不理眾人的苦勸，還堅持留在香港，以便積極救濟孤兒和難民。孫中山先生以前的侍衞高漢（Morris Cohen）於 12 月初從重慶抵港，對宋氏的勸說同樣無效。直至日軍入侵香港，宋氏才理解到如果她仍然不走反會成為大眾的負累。12 月 9 日晚有幾部運輸機摸黑降落破爛的啓德機場，經過特別的安排，宋慶齡、靄齡姊妹倆從香港渡海到機場，乘最後一班機離去。

有些黨國元老因病或體弱，行動不便，或因居住得較遠，以致交通困難，一時接應不及，就白白喪失了逃出火網的機會。陳濟棠因在香港過不了海，故趕不上來接他的飛機。陶希聖雖身在九龍，但雜在人潮中，衝不過封鎖綫，亦沒法趕進機場，只好眼巴巴望着航機飛走。何香凝、廖承志、連貫、喬冠華、柳亞子等亦被困孤島，要等到淪陷後才伺機偷渡出來。

港督楊慕琦在黑色聖誕日向日軍投降後，港九、新界及對外的水陸交通完全斷絕，整個地區是徹頭徹尾的癱瘓了。除了在 25 日晚上乘坐海軍快艇冒死衝出日軍火網的陳策將軍和數十名英國海軍官兵之外，其他人士，不論其為要人或名人或身負重任者，都毫不例外地蟄伏幾天或數周，等候營救者的聯絡，才伺機逃出香港。

日軍控制整個香港地區後，尚未立刻迫使香港居民歸鄉。一般老百姓要離開香港，便要自行跋涉冒險回鄉。

保持身份秘密的逃亡者，縱使勉強有交通工具可用或徒步走路，要穿過嚴密把守的日軍關卡和避過巡邏者檢查盤問的，更是難上加難。在這段時期，間關出走的路綫大致上有三條，即東綫、北綫和西綫。東綫和北綫的起碼要求是必須先到九龍作為起點。西綫則以在港島西南方出發為佳。聖誕日晚突圍而出的陳策的路綫，是西綫和東綫的混合，但因為這次全賴海軍快艇，使偷渡成功，所以在往後的三年八個月當中，是無人可以步後塵的了。

東綫的中途站是西貢，所以該綫的第一段是要抄崎嶇的山路。那地區海岸綫巖巉，島嶼星羅棋佈，偷渡者、接應者和小型船艇，都易於藏匿，逃過日軍及其鷹犬的偵察。自西貢海岸一出，小艇則直指馬士灣（大鵬灣）的東北岸，經過大半個晚上的水程就可以在沙魚涌登陸了。東江縱隊在這條綫沿途各據點都有較大的影響力，故逃亡者的風險大為減低。不過走這條綫的人需要預先有人接應，安排水陸兩程的銜接，一定要有船艇作為逃亡的主要工具，和及早探查日軍巡邏船在大鵬灣遊弋的路綫和頻率，俾計劃規避。廖承志、喬冠華、連貫等人，及從深水埗戰俘營逃出來的賴廉士一行都是走這一條路綫的。

北綫完全是陸路的旅程，由九龍半島朝北走，經過新界，到達與深圳接壤的邊界。穿過新界大致上可分為中路和偏西的路綫。中路是沿着緊貼火車路的公路或路旁小徑，越過沙田、大埔、粉嶺和上水而達邊境。走中路因為要經過公路上的關卡和哨崗，隨時遭遇到日軍截停、盤問、搜身和搜掠財物、檢查證件、甚或被勒令走回頭。1942年1月中以後，大規模歸鄉隊的組織成了風氣，走這條綫的人每日數以千計，佔離港者的絕大部分，如果以九龍為出發點，清晨上路，年青力壯的第一天走到粉嶺，已經疲乏不堪。如果有老幼隨行，再加上沉甸的行李細軟，入夜之前能走完沙田一段已算是很幸運的了。

北綫偏西路綫是從九龍向西行，先到荃灣，再抄小徑爬坡，攀山越嶺到錦田、元朗一帶，再等候時機穿過邊界。

如果逃亡者從香港出發，所需的時間要多一兩天，因為渡海到九龍也非易事。如非一般老百姓，知名人士或重要人物須縝密計劃，以免露出行藏。東江縱隊的陪同人員，大多數選北綫的偏西路，因為沿途在山野中有多個聯絡站，供應和服務較方便，同時風險又大大的減低。茅盾等名作家和陶希聖等人也是走這條綫的。不過，如果無人帶領，這條路是不易走得通的。

逃亡路綫的西綫主要是水路。它是以香港島作為起點，中途以大嶼山或鄰近小島如長洲等為跳板，跟着便是從水路向西越過珠江口，到達澳門、廣州或廣州灣等地，或轉一圈首途往大鵬灣北岸等地。何香凝、柳亞子等是先從香港島坐船偷渡到長洲，然後再乘船繞道離港的。

## 結伴還鄉

　　除死傷以及逃亡外，還有大量由香港居民結集的人潮加入歸鄉行列。日人早就想將一百六十多萬的人口減到幾十萬人，以減低他們供應糧食的負擔。他們盡了很大努力勸諭人們離開香港，或威逼、或利誘務使香港市民盡早返回他們的故鄉，或原籍。這就是所謂"歸鄉政策"。當時日本當局勸諭有社會領袖組成的善後處理委員來執行這項工作，並且同時成立了一個"歸鄉委員會"，後更名為"歸鄉指導委員會"。他們除了在廣播、報章上大肆宣傳歸鄉政策，同時亦讓歸鄉指導委員會發動數以百計的社團：慈善團體、文化教育團體、同鄉會、宗親會、工會、行業會、商會等等，讓他們鼓勵他們屬下的會員響應歸鄉政策，離開香港、返回故鄉或原籍。如果是同鄉會，人們籍貫相同就較易組成歸鄉隊伍。數以百人甚至數以千人一齊回鄉，真可謂"結伴還鄉"了，因為這是被逼的，實在與杜甫的"青春結伴好還鄉"大異其趣。至於宗親會，會員們雖是同姓氏卻未必是同一個故鄉，但他們亦有相當密切的聯繫，亦有可能來自一個同姓的村鎮，那麼他們組成歸鄉隊伍結伴還鄉也是不難的。至於工會、商會和僑港社團也紛紛響應，那實在是逼於無奈。事實明顯不過，在港捱下去也只有死路一條，不如歸鄉去或許還可苟存性命。這是當時所有歸鄉人的心態。其實在日軍攻陷香港後，一般老百姓要離境是不需要什麼竅門的。縱使在宣佈歸鄉政策之前，日軍是不阻截平民離境的。但是日人想羅致或正在追緝的，例如，渝方的要人、香港的紳商名流，或曾與日軍為敵者，則屬例外。歸鄉路綫有很多條：既有陸路，亦有水路。不過無論走那條路，歸鄉之人都往往經歷了許多的艱辛、跋涉，能夠保存性命回到家鄉，已經是非常幸運的了。

從 1942 年 1 月開始，每天都有一批批的歸鄉人潮上路。歸鄉的人們清晨從九龍出發，各自組成團，由領導或嚮導持該團的旗先導，其他的工作人員都戴上臂章以資識別，浩浩蕩蕩地出發，其擠擁處有類現今年代的公益金百萬行。有的取道大埔道北行通過香港邊界進入深圳，然後走向四方八面，進入廣東省各縣，回到自己的家鄉。除了取道大埔道，有的人則沿青山道，經元朗到邊界。總之，第一個關口就是要越出香港北邊邊界進入深圳、寶安。但當時深圳、寶安亦是在日人佔領之下的。在一般的歸鄉路程上有幾段是在游擊隊勢力範圍之內的。他們屬於共產黨領導的東江縱隊，而有些是國民黨統屬的游擊隊。歸鄉人們要走過的路可能跨過幾個不同勢力範圍的。在路上人們還經常會目睹一些悽慘的景象。那就是有許多棄嬰和孤兒被人遺棄在路上。無論走那一條綫的路，旅途都非常的艱苦。有些人一開始就不能堅持下去，只好回頭，放棄回鄉打算。有的一家人上路時開始是有老有幼，後來老的、幼的實在走不動了，就只好被遺棄在路途上。但這也實在是逼不得已的。路上被人遺棄的行李、細軟、物品亦不計其數。這些被遺下的東西相對於生命來講當然都是不重要的了。整個歸鄉路程，一言以蔽之，就是老弱轉乎溝壑，那是一幅非常悲慘的圖畫。由九龍市區至寶安有近三十英哩路程，中途一定要停下休息過夜。路上還會遇到暴徒、不良分子、"大天二"。有些搶劫者往往自稱是游擊隊的散兵游勇。總言之，歸鄉者是砧上的肉，任由宰割。歸鄉者僥倖離開香港，過了寶安，回到鄉下時，隨身所帶行李多已遺棄或被人搶劫了，就只留下了一條性命。不過，既要歸鄉，組成歸鄉隊結伴而行還是比較好的，因為人多勢眾，遇劫的機會也相對減少了很多。一到夜晚是絕對無人敢再上路的了。在晚上一定要在路邊找個暫時棲身之所，到了第二天黎明才再一齊出發。如此艱苦的歸鄉旅程，除了路程較近的，如寶安、東莞等地可以三幾天到達外，其他的非走上十天八天不可。如果故鄉在北方各省的香港居民就不可能有歸鄉念頭了。當時的交通，唯一可倚賴的就是雙腿，幾乎沒有什麼交通運輸工具供人們使用。

1942 年 1 月中又有若干艘輪船復航，是往澳門、廣州等地的。船費比平時貴數倍，但卻不是主要問題。難題在於候船者多不勝數，每天在碼頭外大排長龍；而且一買到票就得馬上進入等候處，準備登船。可是實際上有些航綫是需要在等候處度宿一兩天才可登船的，情況頗為混亂。歸鄉的輪船，下船處有屈地街陶園酒家對面的碼頭；在上環的是永安碼頭（俗稱“三角碼頭”）。從後者出發的輪船，一般是赴澳門的。1942 年初經常行走港澳的輪船有“海珠丸”、“宜陽丸”、“福海丸”和“天鵬丸”等。

船艙也分頭等、二等和大艙。頭等艙是一個房間共有四個床鋪，分上下兩格；二等是數十個床鋪的大房間，分佈在船尾較低層裏；大艙是船最低層部分，其位置稍高於水平綫一點，或在水平綫之下，是密封式的，看不到船外景物。

搭客魚貫上了船，船開行之前日兵例必要搜身及檢查行李。被搜者鴉雀無聲，縱有不滿亦不敢亂動。

這些歸鄉的輪船，稍後航綫和班次都漸漸增加，來往於香港和東莞、太平、江門、汕頭、汕尾等地。這類的輪船服務，一直到日佔的後期，也還在繼續。

# 第七章

# 沒有明天的社會

# 軍政廳時期

香港落在日人手裏後，管治可分為兩個時期。前期就是軍治的時期，政府發出的告示也是以"軍政廳"署名的。

這個時期很短，兩個月不到，即由 1941 年 12 月底全部佔領香港、九龍、新界的時候起至 1942 年 2 月下旬新總督到任時止。

這時期的主要政治活動，都由軍政廳 —— 最高長官是率兵攻陷香港的酒井隆中將 —— 執行。主要工作包括：

（1）出榜安民；（2）誘諭重慶國民政府留港的人員從速自行投報，日本當局許以自新之路；（3）發放白米，在各市場公開平糴；（4）為防止壟斷市場、囤購糧食，公佈十元以上面額的香港紙幣暫停使用；（5）委出知名人士組織"區政聯絡所"，下轄各區所；（6）歡宴全港華人紳商之後，隨即成立"善後委員會"，推行若干民政工作；（7）當局和社會團體合作，成立"歸鄉指導委員會"，辦理僑港人士歸鄉事宜。

1942 年 2 月 25 日新總督磯谷廉介到港履新，軍治時期告終，而"香港佔領地總督部"的民政府時期隨即開始。這一段時期直至日本投降為止，長達三年半。

"七七事變"後，南下香港的國人激增。日人早已有一份名單，是他們在攻陷香港後亟欲獲致的華人。

在日人的那份名單上，最高層次的當然是渝系的黨軍政經要人，倘能抓住這些人，可以藉此要脅渝方及號令港人，迫使他們就範，這些人質可真是奇貨可居了。次一級的是在港和日人對着幹的渝系軍政宣傳和諜報人士，因為這些人在 1939 至 1941 年間多次促使和協助港方治安當局，破獲日人諜報網和撲滅顛覆活動。日人對這類敵人是必欲得之而甘心的。另一類是滯留在港的國內知名人士，包括作家和演藝界，因為獲致了這批人，對日人侵華起極佳的宣傳作用。跟着一類是滯留在港的中國富商巨賈，他們的財富可資利用。

　　若干香港華人當然也屬日人要羅致的對象。首一類是在港英政府下曾任重要公職者，如兩局議員、太平紳士等。次一類是社會其他知名人士、商賈巨擘、社團領袖等。另一類是在地區上有影響力的人士，如坊眾間知名人士、鄉紳父老等。

　　佔領香港和維持軍政府狀態，日軍游刃有餘。但是要比較有條理的去統治香港，日人深諳非用以華制華的策略不可。香港淪陷後，日人及其爪牙便四出偵查上述各類他們要網羅的華人。京劇名伶梅蘭芳和影后胡蝶困在淪陷的香港，雖矢志不為日人利用，可是日人大做宣傳，說兩人已黨附新朝。黨國元老——前外交部長顏惠慶從他原住的半島酒店（被納降的港督楊慕琦爵士亦於 12 月 25 日晚起受拘禁於該酒店內），給遷往中區的香港大酒店，加以軟禁，受到日人數度訊問，無非游說他出面替日本辦事；其中一次會見，竟由著名的日本第一號特務頭子影佐禎昭出馬。另外一位元老——前外交部長陳友仁也遭逢同樣的時厄。但是兩老都以年紀老大為辭，不久就被送到上海，暗中受監視，而日人的對外宣傳則說他們已歸順新朝。此外，幾位滯留在港的國內銀行家——陳光甫、唐壽民等和其他十位八位知名人士，亦由港受拘押至上海，被日人在政治上加以利用宣傳一番。南洋企業家胡文虎也受到日人監視。他辦的報紙《星島日報》——馬上易名為《香島日報》。日人見他的報紙已成為傳聲工具，也就由他在港繼續活動。胡氏當時給慈善機構的捐款，是首屈一指的。

香港本地的華人政要，想必是日人甕中之鱉、囊中之物。掌握了香港的華人領袖，對日人統治香港將無往而不利。何東爵士在港地位，舉足輕重，只因他在 12 月初大壽及花燭重逢大慶過後，須親往澳門回拜澳督，故此戰事初起時他已不在港了。另外一位人士，縱使日人不加以羅致他也會站出來投效的。他就是原英商買辦陳廉伯；1942年 4 月 1 日，日人委他為華民代表會四名代表之一。

## 縱和橫的以華制華策略

日人攻佔香港後曾細作檢討，認定他們的中期及長期目標不外為：繼續佔據香港，榨取香港人力、物力、財力的資源，將香港穩固置於大東亞共榮圈之內；進而以香港為範本和跳板，將鄰近地區亦吸收於大東亞共榮圈之內。要達到這些目標，一定要倚靠早已制定的以華制華政策。這個政策的實施，可分為兩個方面，即"縱"的方面和"橫"的方面。"縱"代表籠絡知名及具影響力人士，設立從上而下的組織、團體等；"橫"代表地區性的組合。日人認為縱橫交錯、互補不足和互相制約，統治香港這個社會便極為奏效。

港英政府投降了，華人紳商名流以至升斗市民都看出負隅頑抗和絕不合作態度是無補於事的。在社會大亂、百廢待舉的時刻和在日人授意下，若干紳商發起和成立了"香港善後處理委員會"（簡稱"善後會"）。這是一個縱的組織，其工作方針大率以解決社會及民生難題為依歸，如糧食、貨幣、治安、交通、歸鄉、賑濟、醫療衛生等急逼項目。施行起來，當然要地方分區配合，而施行的對象絕大多數為在各地區的升斗市民，故善後會工作的延伸，最末是與地區相呼應的。只是當時的地區劃分和管轄、統籌，要等到 1942 年中才具規模。

善後會是一個臨時組織，主其事的都是一時俊彥。其中羅旭龢及周壽臣是英國冊封的爵士。周曾在清末及民國任要職，在港期間曾任立法局議員。羅在港英政府貴為行政局非官守議員，關係密切；與羅文錦、李子方及譚雅士同為戰前的四位華人代表。其餘各委員分別為商人、銀行家、報刊社長、醫生等。等到"兩華會"在 1942 年 3 月成立，以華制華的體制更見明確，善後會便告解散。

1942 年 1 月 10 日，日軍政府首長酒井隆在半島酒店召見百多位香港社會知名人士、前兩局議員、太平紳士等，大肆宣傳大東亞"聖戰"的目的，喻會眾以"大義"，並授意為穩定時局，須由華人出面組織一些位於統治者及人民之間的橋樑性機構和地方分區組織。會上各人除了唯唯諾諾之外，別無其他表示了。本來大戰之前，日本在東南亞的敵人為 A、B、C 和 D，即美國、英國、中國和荷蘭。佔領了香港後，卻不把香港華人視作敵國人，無非是要挑起華人（連同印度及第三國人士）反英美之心，這是日人政策利害之處。

隔了幾天日人在港九兩地分設區政聯絡所，委任知名華人律師冼秉熹等為區政聯絡所長，同時在港九兩地分設十二個和六個區役所，以區長掌之，上向地區區政聯絡所負責。香港地區事務所和九龍地區（初期包括新界）事務所在總督之下，掌管地區事宜，這是分區統治的雛形。

1942 年 2 月，磯谷廉介任香港佔領地總督，他的機構名稱為 "香港佔領地總督部"，取代了以前的軍政廳。總督部是日本戰時內閣直轄機構之一。在總督之下的首席行政官員是總務長官（初為泊武治，後為菅波一郎），而同級的首席治安官員卻是操生殺予奪大權的憲兵隊長（野間賢之助）。總務長官下分四部，即民治部（部長市來吉至）、財務部（部長中西有三）、交通部（部長高松順茂）和報道部（部長西川，後為吉田）。與華人聯絡最密切的要算是民治部。

與此同時，"兩華會" 的組織快到成熟階段，在 1942 年 3 月便正式成立了。"兩華會" 是 "華民代表會" 和 "華民各界協議會" 的合稱。這是縱的組織，但與地區事務息息相關，相互表裏，前者有指導後者的權力，所以孳衍到橫的方面。前者的委員名額為四人：羅旭龢（主席）、李子方、劉鐵誠、陳廉伯。劉鐵誠任職交通銀行經理，五十三歲，是日本東京大學法學系畢業生，操流利日語，曾任南京政府鐵道部副部長。李子方是土生土長的香港人，五十一歲，是香港大學畢業，東亞銀行董事，原立法局議員。

華民代表會，被日方描述為本港百萬華僑的最高諮詢機關，任務為下情上達，溝通民隱，協助當局推行庶政，興利除弊。華民各界協議會則可視為前者的執行機構，向社會各階層吸取意見和推動政策。

　　華民各界協議會的二十一名代表，其產生不是通過民主選舉，而是經有關方面頗周詳的協商和推敲的，但從表面看起來他們亦有相當的代表性。主席周壽臣是數朝元老，德高望重。晚清時他獲官費出洋到美國留學，學成後回國在清廷歷任要職。在民國時代亦屢任部長之職。民初以年老來港養晦，港府亦委以立法局議員，備承顧問，英廷且頒以爵士封號，是香港社會有數的領袖。他以下的委員來自各行各業，或者是慈善機構和各社團的首長。該會與香港各地方區域的事務，有密切的參與，對地區的組織亦有監察指導的權力。1942年中，"兩華會"鑑於賑濟慈善和矜恤孤寡工作為一大項目，遂設立華人慈善事業委員會，作為一個專業的團體。

## 粉飾昇平

　　香港在日佔時期舉行了各類的集會和慶祝活動，都是毫無例外地由日人授意舉行。日本為鞏固統治，將香港粉飾成為一個太平世界。當然這只是表面功夫，不過因為有這些慶祝會、集會、遊行和紀念會等等，香港市民就更多了些負擔，亦令緩衝日人與香港社會關係的兩華會增加了許多工作。這些集會及遊行慶祝活動對於受日本人統治的香港居民在某程度上無疑是一種屈辱。

日軍於 1941 年 12 月 28 日舉行入城儀式。事先通過社團組織勸諭市民要張掛日本旗、夾道歡呼、揮舞彩旗，另加上音樂助興。這個入城操由跑馬地開始，直至上環。參加的官兵有二千多人，上空還有三、四十架軍機表演列隊飛行。

1942 年 2 月 15 日，新加坡因缺食水與補給，落入了日本人手中。當時日本人非常得意地在香港也大事慶祝，懸掛日本國旗，播放日本國歌、音樂，並大舉遊行。華人與印度社團不得不參與慶祝及提供節目，如歌舞、民間雜技、舞獅舞龍、彩隊遊行等。日人正好趁着這良機證明東亞的民族已從英帝國主義"解放"出來。

同時，日治政府下令將在公眾地方露眼的英文店名、標記、街名、路牌、交通標誌、告示等，統予以拆除或塗黑，務使"英國文化不復存在"。不過，英文版的日本官方喉舌報《香港日報》則照常刊行，出紙數很少，對象是第三國人士，和希望流通到港外，向敵對的盟國示威一番。

## 太陽旗胯下受辱

祝捷節目的前幾天，日軍政府在港製造大量"紅膏藥"的日章布製小國旗，免費供給市民和社團，使在巡行和慶祝會上揮舞，以營造氣氛。有趣的小插曲就發生在這令港人望而生厭的小日章旗上，使市民在精神上出了一口烏氣。原來有些哺育嬰兒的母親頭腦靈活，一下子便將小日章旗裁成小孩的開襠褲。其方法是把血紅的太陽剪了出來，再把原旗對摺後在兩側加些針綫縫合兩角，就裁成了一條現成的小孩開襠褲。在裁製和替小朋友穿着的過程當中，母親們都有至高的精神和物質享受。在亂世當中，這份喜悅是罕有的。

不久，日人發現了國旗的另一個卑下用途，就大肆咆哮，明令禁止，說污辱國旗是嚴重的罪行，犯者會被判重刑，這樣，過了幾天後，母親們迫得捨棄這一份額外的喜悅。

3月17日又有另一個慶祝活動。這是慶祝日人在荷屬東印度洋羣島及仰光的大捷。這次遊行慶祝活動，日人發動了香港民間緩衝團體，由善後委員會來籌辦。結果善後委員會又無端做了一次為日人利用的統籌工作。這是他們所不願意做、卻又不得不做的。結果有一百四十個社團及團體參加，由善後委員會帶頭。慶祝活動安排有遊行、歌舞、音樂等，並且張燈結綵，懸掛日本國旗、國徽，大肆鋪排以示慶祝。

1937 年 7 月 7 日，日軍發動“七七事變”，趁機大舉進攻中國。此日中日戰爭正式揭幕，是中國人的首號屈辱的日子，可謂國恥日。1942 年 7 月 7 日剛好是“盧溝橋事變”五週年，日人要在香港搞一個紀念會。這個紀念會就是要將“七七”進行美化，把開始侵略中國說成是“大東亞聯合”的開端，以此作為紀念會的主題。7 月 7 日這天下午就在香港的娛樂戲院開了一個紀念演講會。當時與會的除了有日人作為顧問及嘉賓外，演講者還有兩華會的人士羅旭龢、葉蘭泉、凌驥、鄺啟東、劉鐵誠、李子方、周壽臣等等。不但如此，開始演講會後，李子方就提出一個建議（當然這並不是他自願這樣做的，但日人授意他不得不如此），這個提議就是給在重慶的蔣介石先生通電，請他停止抗戰，共同努力大東亞的和平。這個演講會從下午六時至八時開了兩個小時左右。演講會結束後還放電影助興。而且在九點二十分通過電台由羅旭龢向香港同胞作廣播，廣播題目是：“我對大東亞時局的觀感”。這是一個避重就輕的題目，是意圖美化日本侵略中國和佔據香港的罪行。

“七七”紀念會後，不久又到了“九一八”。“瀋陽事變”是東北三省陷落在日人手裏的日子。這天日本人亦要開一個紀念會。他們事先授意，勸諭必要搞好這個紀念會。9月18日晚上七時，各界人士又假座娛樂戲院舉行了一個叫做“新生香港”的各界紀念會。會場懸掛了日本國旗，中華民國國旗和“滿洲國”國旗。當時東北三省已淪為“滿洲國”，成了日本的傀儡政府。出席紀念會的有民治部長、各級官員和兩華會會員。紀念會開始時全體肅立，向國旗行禮，周壽臣以華民各界協議會主席身份致開會詞。接着是報道部長致詞。劉鐵誠是華民代表會的委員之一，亦有上台演講，這是因為他在戰前與日本的聯繫已十分密切，而且他本人早年亦在日本受教育的。他演講的題目是：“滿洲事變與東亞的共榮”。光看這個題目，不問而知是應日人的命令而宣講的文章。會後亦有播放電影助興。

國民黨政府的雙十節，日人在香港同樣舉行了慶祝活動。日人的矛頭是指向英國和美國，中國雖然是日本的侵略對象，但日人在宣傳上不想公然與中國為敵，而且日本和汪系的“南京政府”份屬盟友。故此日人亦命令兩華會的代表及香港市民在雙十節國慶日要加以慶祝。當日全港各公營、私營機構及政府機關部門全部休息，在這些機構門口和政府機關部門門口、辦公室門口懸掛的是兩國國旗——中華民國的青天白日滿地紅國旗及日本的太陽旗。懸掛位置是一左一右。如果作交叉懸掛，中間就作九十度的交叉。如果單獨懸掛中華民國青天白日滿地紅國旗，上面還有一支長身三角形的旗子，黃底黑字。這支長身旗子的寬度約等於青天白日滿地紅國旗的四分之一的高度。上面所書黑字是："和平、反共、建國"。這是南京"汪系政府"附於國旗上的旗幟，以示與渝系政府有別。懸掛這些國旗都是有一種特別儀式的，因此兩華會亦預先發出通告，說明懸掛國旗的款式及懸掛的方法和禮儀。國慶日還解除禁止燃放鞭炮的禁令，准許市民燃放炮竹。解禁的時間是上午九時至下午七時。為了響應這個慶祝活動，兩華會不得不發表宣言。宣言認為：中日必須繼續合作，同時亦提出一個很得體的說法，說中日本來是合作無間的，而且在 19 世紀末至 20 世紀初，孫中山先生組織的同盟會就是在東京成立的；當時同盟會得到日本朝野的支持。講者還引述了孫中山先生在民國十三年（即 1924 年）在神戶的演講，內容涉及大亞洲主義。這個大亞洲主義就是亞洲各國聯合起來，大家共同謀求和平，謀求共同利益。在日人的授意下，這個演講被"兩華會"的發言代表斷章取義地引用來證明日人要組織大東亞共榮圈是順應世界潮流的。

　　每年秋天 10 月以後，日本都會有一個很隆重的大祭，這就是靖國神社的大祭。靖國神社最初僅為日本武士安置亡靈的招魂社，約 1879 年，東京招魂社升格成為"靖國神社"，在對外侵略戰爭中演變成日本軍國主義的精神支柱。這個大祭是在祭奠在大東亞戰爭中捐軀的日本將士的，在近四五十年以來一直在日本延續下來，成為傳統，說明日本至今仍認為大東亞戰爭是合理的，而在大東亞戰爭中捐軀的日本將士是值得尊崇的。1942年10月，日人在香港也舉行過祭奠儀式。上午十時十五分由治安當局、憲兵部及軍警發出一個警號，警號一發出，所有交通工具都要停駛，所有人都立正以示向為大東亞戰爭捐軀的日本將士致敬意。學校與及社團、機關在是日放假，並紛紛懸掛日本國旗以表敬意。兩華會的代表亦發出通告。至於在花園道口的那個日本人體育會及球場就有集會和肅立儀式，亦有懸掛日本國旗，全體人員向東方默禱三分鐘。

日本人是有很多祭禮和儀式的，每年最尾那天就有所謂的"年末御禮式"。這個儀式第一次在香港這個佔領地舉行是在1942年12月31日。那天中午十二時，總督到日本人俱樂部與政府的各長官齊集致詞，當然有不少市民圍觀。參與其事的還有兩華會的代表。

每年的元旦則舉行元旦四方拜。這個元旦朝拜是日本人三大節日之一。新年第一日是四方拜，第三日是原始祭，第五日是新年宴會。在這三天之內全香港的居民都要懸掛日本國旗—日章旗，以示慶祝。元旦四方拜那天，有關人士都集中到總督部旁的日本人俱樂部廣場 —— 中區最大的廣場。朝拜儀式的順序是：全體官員朝東向日本宮城朝拜；向五大神宮遙拜；為英勇的陣亡將士默禱；合唱《君之代》——日本國歌，再由總督領導他的次長官三呼天皇"萬歲"。接着是總督屬下的官員代表—參謀長向總督致祝賀詞。總督亦訓話一番。因為這是一個大節日，華民代表會和華民各界協議會亦在兩會禮堂舉行團拜，由主席領導會員向東即向日本皇宮所在地肅立遙拜。兩華會的正副主席亦要去總督府向總督賀年，賀年之後接着還謁見總督屬下各級長官，例如參謀長、總務長官及各有關部長。新年總督部各部門、各機關都休假一天，而且要大事鋪張地慶祝一番，包括懸掛日本國旗。到了 1943 年 2 月 21 日，又有另一個紀念儀式，就是慶祝香港佔領地總督部成立週年的紀念會，因為他自從 1942 年 2 月履任以來剛剛過了一年。也要張掛日本國旗，政府機關放假半天。上午還在憲兵隊的廣場舉行了慶祝典禮。憲兵隊廣場就是現在滙豐銀行前面的廣場。下午又在東亞酒店舉行了一個官民祝賀宴。華人代表會和華人各界協議會的代表及社會賢達都有出席。到了晚上在大正公園（即兵頭花園，原來正名為"植物公園"）大放煙花以示慶祝。

此外，還有一個隆重的儀式，就是宋皇台遷移的公祭儀式。因為機場擴建的需要，宋皇台要遷移，附近數條街的居民也迫得要遷拆，為此在 1943 年初舉行了一次較為隆重的公祭儀式，其中充滿宗教色彩。

## 哀鴻遍地

香港人口在大戰前大概是一百六十萬至一百七十萬之間。1941 年 3 月有過一個非正式、非詳盡但卻較深入的人口統計，估計華人有一百四十二萬零六百四十九人，非華人就有二萬三千七百零八人，合計共有一百四十四萬四千三百三十三人。新界的人數，據當時的人口統計就沒有那麼準確，大約近二十萬人。加在一起就約有一百六十四萬人口，但這個數目並未包括露宿者的數目。在 1941 年 3 月那個非正式的人口統計中，根據各區警察局的調查，發現露宿者也有二萬七千人之多。從 1941 年 3 月起至 1941 年 12 月止，從中國來的難民湧入香港的數目也不少。這時香港人口的數目已很接近一百七十萬了。

如果追溯大戰前那幾年的人口情況，我們會發現，人口的出生數目和人口的死亡數目不是那麼均等，自 1938 年到 1941 年數年間，每年出生人數都低於死亡人數。出生人數一般在三萬多至四萬間。1938 和 1939 年出生和死亡的人數頗相近，但 1940 年至 1941 年這兩年出生的人數就銳減，低至二萬至三萬之間，而死亡人數卻高企在四萬幾這個數目。這當然不把 1941 年 12 月 8 日二次大戰爆發後，香港的死亡人口數字算在內。佔了四分之一死亡者是因患腳氣病而死亡的。腳氣病的致病因由是營養不良。

人口統計是日本統治者侵佔香港後一個非常重要的政治、經濟及社會管理的手段。他們第一是採用了計口授糧的辦法，根據人口供給糧食。第二是對香港人口的流動、遷徙，對財產、物業進行監視和控制。另一方面，他們極希望多些人盡快地離開香港，不要作米糧供應的負累。這些人口統計和冊籍編寫工作，在計口授糧方面，一般委之於區政所。香港分為二十八區，區政所之上有地區事務所。全香港有三個地區事務所：即香港地區事務所，九龍地區事務所，新界地區事務所。計口授糧工作是區政所主要工作之一，沒有其他比這項更重要的了，因為這是關乎百多萬港人生存的大事。人口的流動和遷徙與及財產、物業的登記則是由日人總督直接下命令進行的。早在 1942 年 3 月間總督部就下了一個命令，其中對香港居民的遷徙作出規定：香港居民在香港境內由一個地區遷往另一個地區就要在五天內向憲兵隊申報，至於居民物業 —— 當時日本人叫 "家屋" —— 的登記，在 1942 年中就已着手推行了，但一直等到 8 月 1 日登記命令下達了才真正實行。香港房地產登記紀錄有近百年的歷史，紀錄很齊全並且保存得好。日本人侵佔香港後對房地產登記的冊籍，並不是好像傳聞所說的大量被燒燬或散失了，而是保存了下來。應該說這是很幸運的。日本人對於這些冊籍也相當珍惜，一是為了記錄保存，憑記錄可以知道某些人有什麼房產物業，又可以根據房產物業追查到某人的行藏和他的財產狀況，從而抽稅。當局成立了一個"家屋登記所"。這個家屋登記所即舊時英國的田土廳，亦即是田土登記處。當時聘請若干舊日田土廳的華人職員留任。田土廳登記工作是較為專業性的，當然是使用舊人較為熟手，新人未經訓練，是不易熟悉工作程序的。所以絕大多數登記冊及屋契等登記文件都保存下來。而落實原有登記和重行登記都是由中央政府辦理的。

但是另一個制度 —— 戶口調查制度和戶籍制度就不是由中央一手辦理。這項工作分發到二十八個區政所，由他們去經辦，然後由三個地區事務所 —— 香港、九龍、新界地區事務所審核統籌。在編製戶籍時日本憲兵隊當然亦會過問，因為憲兵隊對於人口戶籍、人口狀況以及某些他們要監視、偵查的對象是非常有興趣的。戶口制度工作是1942年9月間才正式實行，其實戶籍編製是在該年的4、5月間就已經開始，因為要方便給居民配給米糧。制定戶籍簿，開始進行調查的時候，第一步是要謄寫表格，第二步才是編列手冊。先按區裏的街道列出某樓、某戶做成戶籍名冊，然後再由區政所派出人員去複查。戶籍名冊做好後再送交地區事務所審查、核實。填報的表格大致有以下一些細項，即地區（即登記人屬何區），世帶主氏名（即戶主姓名，"世帶主"即戶主，"氏名"即姓名）；職業、

性別、出生年、月、日；某年、某月、某日從何處遷入，
或是否在現居住地出生；還有家屬及同住家族的資料，與
戶主的關係，他們的本人姓名、性別及出生年、月、日，
職業，某年、某月、某日從何處遷入，或是否在現居住地
出生。最後還有一個備註欄。1942 年 9 月各區做這些戶
籍調查工作時，當局曾發了臂章給那些工作人員，以資識
別。這段時間的每天上午九時至下午七時，工作人員就在
指定的時間內挨戶查詢，各戶居民均須從實答覆。而在此
之前，各區所早已印了許多戶籍調查表發給各戶居民讓他
們預先按要求填寫清楚。如有某戶先前因某種原因沒有拿
到這些表格，他是可以到米站去補領的。換句話說，戶籍
和糧食供應制度是二者合一的。當局的戶口覆查時間是
1942 年 9 月 4 日至 18 日之間，有兩個星期的時間。相信
大部分居民都是如實申報的，沒有什麼人敢說謊話或提供
不確實的資料。在日本統治者的淫威下，提供不切實的答
案，後果會是非常嚴重、不堪設想的。

對於生存者的人口統計是這樣精密，對於死去的人
也是有作統計的。人死後，死者的家屬必須馬上到區所
申報並領取一張死亡證。死亡證日本名稱是 "死亡屆出
濟"。死者家屬憑這張死亡證到地區事務所領取埋葬許可
證。死者的家屬必須在死者死亡二十四小時之後辦好這
一切手續方可埋葬死者。當時各區的墳場、山地情況非

常混亂，收費亦無劃一。死人被埋葬後埋葬許可證由墳場管理單位收執，然後轉回地區事務所，以備核實。這張埋葬許可證包括以下一些細項：死者姓名、國籍、年齡、性別及埋葬收殮人員的姓名。墓地的地番、第幾段，標石番（番即是號碼或編號），願出者（即申請人）的姓名、地址。還要寫明昭和某年某月，最後是簽發此證的部門、單位：香港總督部、香港某地區事務所。在 1942 年一年裏，當局一共發出了 83,435 張埋葬許可證。在當時那麼一個戰亂時期，許多人死後橫屍街頭，無人認領。許多死於兵荒馬亂的人，"死無葬身之所"是事實，也是很貼切的描述。軍政府時期滿街滿巷都是屍體，連救傷衛生人員一時間也無法清掉。日軍入城後，在殘垣敗瓦中尋找受傷的人、清理屍體的工作才慢慢展開。在那個時期，一個人如果在路上倒斃，他的衣着若還過得去或帶着行李的話，通常在短短幾分鐘內，他的手提行李或其行李中較為貴重的物品以及衣袋中的物品就會被人搶掠一空。如果再過一段時間還是沒有人來收屍，那麼這個死者身上較光鮮的衣裳、褲子，甚至鞋襪就會全被人脫下來拿走了。因為這些衣物在戰時都是極其缺乏的。倒斃街頭的死者屍體要過很長一段時間才有收屍隊來運走。關於倒斃街頭的死人還有一個悲哀的笑話，往往見死人會寫字條，吩咐別人如何做。常見倒斃者身旁有張字條，大書四個字："自己收屍"。這幾個字容易給人一個錯覺死者自己收屍。其實這是死者親友寫的。他們發覺了死者,一時間又無辦法運走屍體,卻又恐怕被別人或收屍衛生人員將親人的屍體運走,因此寫張字條在此,目的是防止別人將屍體運到不知何處,此外也有勸誡作用,告誡那些想搶死者身上衣物、東西的人,請他們不要動手,因為死者親屬很快就會來了。戰時情況非常混亂,人們死的死、傷的傷、逃的逃,這就是當時香港的寫照。

## 慰安區

日本正規軍的軍紀不算差,但日人在性方面的濫和開放是中國人所難於接受的。日人公然認為"軍妓"有存在的價值。香港人恨之切齒和感到胡鬧不堪的就是"慰安區"的設立。"慰安區"即是紅燈區;"慰安所"即是妓院,"慰安婦"即是妓女;日文字面上看似文雅,其概念不外是淫穢。日人向來的觀念是紅燈區要打正旗號,以免混雜在民居當中,使當局的管制更為容易。這是見仁見智。不過話得說回來,日軍攻佔香港時,強闖民居、姦淫良家婦女,又不知作何解釋了。

日軍入城式舉行那一天，他們的衛生部長江口便急不及待的找到一位原在香港社會很活躍的德國女士，要她帶路找出港島妓院的所在地，並鄭重地說，新年快到，日軍有四萬名，在港九的慰安區越快開設越好，否則他不敢保證香港的婦女不會遭殃。這是駭人聽聞之事。不過，慰安區如果是稍有規模的話，決不是朝夕可完成的。1942 年 1 月，果然有一千七百名日籍的專為部隊服務的慰安婦從廣州抵港，不過她們當中約三分之二已患上性病。

　　再過不久，日軍憲兵奉命成立慰安區，在灣仔海旁高士打道和洛克道之間、靠西面鄰近海軍船塢的位置，圈了一大塊地段，計劃鱗次櫛比地設立五百家軍妓院。事先沒有任何預告，突然出動憲兵，槍枝配上刺刀，威逼居民三天之內搬走，跟着封鎖了這段地域。居民流離失所，連家具用品都來不及搬走。這件事鬧大了，華人社會的高層人士向總督強烈反映，方才作罷，但該段地帶早已十室九空了。

　　跟着憲兵隊長又提議圈出中區近西邊的地段作慰安區；這地段是東至永吉街、西至禧利街，北至永樂街，南至文咸東街，原是華人傳統的商業地區，靠近“南北行”區域。日人所持的理由是該處地點適中、交通方便、易於管理。反對最力的是華商會所會長董仲偉，他主持的道亨銀號就在這區域裏面。華民代表會以為茲事體大，也加入反對行列，向最高層表達意見，當時是在極端秘密情況下進行討論的。日人反要求華民代表會提議另一適當的地區，這令到代表們左右為難。拉拉扯扯的又拖到 5、6 月間，日人和華人代表們也勘查了歌賦街、威靈頓街，但都認為不適合。到了 6 月中，日官方說原則上他們決定設立日人慰安區在灣仔區、華人慰安區在西區，不過詳細地點尚未訂定，還希望華民代表會作提議。華民代表們又無端多了一項吃力不討好的工作。之後又再拖拉到 9 月底，日官方吩咐成立"港九慰安區推進委員會"去推行遷徙工作，並選定港島方面石塘咀和春園街一帶分別為中日慰安區；九龍方面，南昌街、長沙灣道一帶和尖沙咀天文台道口一帶分別為中日慰安區。千百戶人家因而流離失所。

# 電車

戰前電車收費是頭等五分，三等三分。本來收費並不是這麼便宜的，以前分別是一角和六分。1935 年香港政府批准了巴士公司同時行走電車路綫，使電車公司有了競爭對手。雖然電車公司訴苦，提出抗議，說他們在十九世紀末就已經行走這些路綫，現在讓巴士也行走這些路綫，對他們無疑是個威脅。但抗議無效，巴士始終走了電車路綫，行經電車所行的一切街道。電車路沿綫貫通港島北面各繁盛地區，經堅尼地城海旁、德輔道西、干諾道西、德輔道中、灣仔的金鐘地帶，莊士敦道、軒尼詩道、高士威道、英皇道、西灣河大街和筲箕灣大街等，都是港島主要的交通幹綫。面對巴士公司這個對手，為了增強自己的競爭能力，電車公司被迫減收車費。

戰前有超過一百部的電車循着電車路來回行駛，有部分電車在鵝頸區總廠停泊待修或作候補之用。十八天戰役時，所有電車駛回總廠，電車工人則四散奔逃。日軍1942年1月就發出通告，勸諭所有電車工人復工。當時亦有很多工人回廠報到。在兵荒馬亂之際，沒有其他工作可做，如果不歸鄉，這些工人總得要開工的。當時沒有工錢，但電車工人憑工作證每人每天可領三斤米。三斤米在當時很重要，可以供一家數口充飢了。因為有這三斤米的吸引，就有電車開始在上環街市至銅鑼灣一段行駛。戰時許多街巷及主要道路都遭到炮彈的轟炸，受破壞的程度不輕。這段路所受的破壞較小。第一批電車行走後，日本軍政府又命令工人修復其他街道路面。到了2月，西面總站已經可以延長到堅尼地城了。東面一段路面依然破爛不堪，尤其是北角難民營附近、太古船塢前面，還有待修復。當時行走的電車共有三十五輛。有一段電車路是轉入跑馬地的，因為趕着恢復賽馬，這段路由日本人指揮搶修，果然很快就修妥了。那裏也有一個總站。東行的一段路面既然受破壞較多，修復也就較慢。到了 6、7 月間，筲箕灣總站才設置。在日間，平均有四十五輛電車川流不息行駛，最多時是六十多輛。特殊情況下還會加派電車應付。當時很多人已經歸鄉，留港的居民也不輕易乘電車。百業凋零，市民了無生計，根本無工可開，乘電車頂多是去探望親戚朋友，否則這也屬花錢和浪費時間的奢侈事了。至於運載貨物就由一輛專門的電車負責。這輛電車在堅尼地城與筲箕灣之間行走，來往載運肉食、蔬菜及其他貨物。亦有人光顧這輛電車的。

電車的行駛時間是上午七時至下午七時，後來還延長到半夜十一時。最初的票價是頭等四分，三等二分。

後來筲箕灣總站復通，路綫延長了，票價就增加到一角和五分，回復到戰前的水平了。不但如此，後來因為港幣受到軍票兌換的衝擊，電車票價一直升到頭等二角，三等一角。後來再調整為上層頭等收費十五錢（伸為三角，7 月後為六角），下層三等收費十錢（伸為二角，7 月後為四角）。也有出售月票，頭、三等分別為三元六十錢和二元十錢，從堅尼地城開到跑馬地的電車是每六分鐘一班。賽馬日，通常是星期六，就每三分鐘開一班。可見電車的班次都是相當頻密的。平時每個總站開出尾班車都有不同

的時間。如銅鑼灣開出的尾班車是晚上九時半。跑馬地開
出之尾班車則是九時十五分。這都是向屈地街方向的。而
從屈地街開出的尾班車是每晚十時。十時十五分這輛尾班
車就會到達中環天星碼頭，這時天星碼頭的小輪亦近尾班
了。如果錯過這輛尾班車就未必能搭上中環至九龍的尾班
船了。當時各電車路綫如下：堅尼地城至跑馬地，堅尼地
城經跑馬地至筲箕灣，亦有從堅尼地城不經跑馬地，直通
筲箕灣的，另外就是從屈地街至銅鑼灣，路程稍為短。

　　總的來說，電車是受戰爭衝擊最小的交通工具，仍
然維持戰前百分之六七十的輛數，主要是因車廂不能移作
別的用途，受戰火損毀的修復後仍可用。反觀其他交通工
具，尤其是巴士、的士、私家汽車，早給日人掠走，或運
到外地給日軍使用。當時每日乘坐電車的有十萬人次，收
入每天平均為一萬元。


# 巴士

　　除了電車外，巴士亦為日佔時期香港之主要交通工
具，但巴士數目比電車數目要少。戰前巴士數目是二百
多至三百輛，但因戰火毀壞或被掠走、或改作貨車、或被

有關當局徵作其他用途，日人侵佔後巴士就所剩無幾了，可以行駛的不外是一百輛上下。一百輛中更有半數是需要修理的。所以巴士服務從 1942 年初至 9 月都是一直未上軌道的。9 月後能經常行走的巴士其實只有二十五輛，但到了 10 月至 11 月數目就增至約五十輛了，但這比戰前巴士行走的數量還是有很大距離的。反觀電車川流不息地運作，顯得較令人滿意了。10 月，經過當局的勸諭，加上本港從事交通運輸事業的商人自己也覺得有必要，於是組成了一個"香港自動車運送會社"。這樣就集合了香港、九龍兩地自動車即巴士、的士及其他汽車等運輸業的商人，目的就是增加香港、九龍甚至新界的車輛。資本是中國人的資本，但有日人做顧問，據說是指導有限公司以方便組織和運作。的士數目亦有五十輛之多。但當時乘搭的士是非常昂貴的，除非有特殊的需要，否則一般是無人隨便乘搭的。巴士數目少，總有不敷應用之感。當時香港主要有幾條巴士路綫，1 號綫由天星碼頭至香港仔，經畢打街、皇后大道中、薄扶林道、香島道，早車開七時，尾班車收晚上九時半。2 號綫是由天星碼頭到大學堂，經畢打街、昭和通（即德輔道、花園道），然後入大政通（即堅道和般含道），早車開八時，尾班車晚上十時。3 號綫是由天星碼頭至赤柱，經畢打街到東明治通（即金鐘一段路和大道東）入史塔士道（即司徒拔道），再入淺水灣道，早車開八時，晚車至下午六時。票價由十錢起，十錢就是軍票一元的十分之一。若以軍票兌換港幣為一兌二計算的話，十錢即兩角錢。如果去到香港仔就收三十錢，收六角錢港幣，去赤柱收四十錢，伸為八角錢港幣，相當昂貴。九龍的巴士路綫有四條，由尖沙咀（湊區）至青山，（青山即深水埗區）。由尖沙咀至元區（九龍城區），湊區至荔枝角。湊區至元區有兩條綫，一條就是經漆咸道，一條經香取通（彌敦道）轉入窩打老道。巴士收費由十錢至二十錢之間。新界有兩綫巴士，5 號綫是連接九龍那四條綫的，是由大角咀至上水。6 號綫是一般人未必會乘搭的，是從深圳至沙頭角即新界北部由東至西，由九龍至新界的車票，最高為三十五錢。

## 纜車

其他的交通工具還有登山纜車。登山纜車的路軌到 1942 年 4 月才開始修理。戰爭期間，山頂、半山都受到嚴重破壞，而登山纜車的路軌亦受嚴重的損壞，無論機械室、纜車的鋼索與及車廂都要翻新。結果搞了近兩個月，用了一萬六千多元。一萬六千多元在當時來說是一個龐大的數字。這樣，纜車的服務才恢復。登山纜車由 6 月 25 日起復通，早班是上午七時半，至晚上十時收車，每隔三十分鐘開出一班。由山腳至山頂各站是：第一站是花園道就是山腳起點站；第二站是東大政通（堅尼地道）；第三站就是蘭道（麥當勞道）；第四站是霧島通（寶雲道）；第五站是梅道；第六站是柏加道；第七站就是山頂。

山頂纜車的票是一本發售的，每本二十張，每張可以坐單程車一次，視乎路程的長短來定票價的多少。由花園道至梅道車票收費是三元，到山頂行畢全程要五元，實在非常昂貴。

## 火車

火車服務是要到 1942 年中才恢復，原因是沿綫的地方都要修理，路軌受破壞多。戰前九龍、廣州間的鐵路服務，自廣州於 1938 年底失陷在敵人手裏後即宣告中斷。一直到 1943 年底，九廣鐵路全綫才復通。深圳以北到廣州一段，屢遭破壞，修復很難。在香港境內，火車恢復服務後每日有八個班次，平均約兩小時一班。火車走畢全程，需要近兩個鐘頭，收費由十錢至七十五錢不等，沿綫各站是：九龍、油蘇地、沙田、大埔、大埔墟、粉嶺、上水、深圳墟。當時是沒有"羅湖"這個名稱的。最遠路程是由九龍至深圳墟，票價是七十五錢；最短程是由九龍到油麻地，票價是十錢。小童是收半價的。

## 馬車

除了上述的電車、巴士、登山纜車、火車，甚至比較稀少的的士服務外，還有馬車服務。這是很少見的。馬車服務是由九龍一間叫做"馬車服務公司"的公司在1942年底開設的。馬車路綫是：1號綫由尖沙咀至九龍塘；2號綫由尖沙咀至深水埗；3號綫由尖沙咀至九龍城。從深水埗亦有路綫至九龍塘及九龍城的。馬車數目全部加起來不超過二十輛；行車時間由上午十時至下午六時；收費由十錢至四十錢不等，視乎路程之遠近，並不算太貴，不過乘坐的時間當然比其他交通工具長。馬車除載人外也載貨。載貨是以小時來計租賃的價錢。租一架馬車一小時要收五元軍票，二小時是七元，三小時是十元，四小時則是十三元，四小時以上是在十三元的基礎上每小時加三元，所以以整天租馬車運貨，價錢會便宜些的。

## 輪渡

　　港內輪渡分為天星渡輪和油蔴地渡輪兩個體系。前者行走香港中環和尖沙咀碼頭之間。後者行走香港中環統一碼頭和九龍旺角、深水埗之間。天星小輪早上開七時，晚上收十一時。每二十分鐘開一班。航程約十五分鐘。票價上層頭等二十五錢，下層三等十錢。油蔴地小輪早開上午七時，晚收九時。每三十分鐘開一班。航程約二十至二十五分鐘之間。票價上層頭等三十五錢，下層三等十五錢。

第八章

# 人口和糧食

# 饑荒時代

　　第二次世界大戰之前，香港的糧食是不虞匱乏的。沒有人想到香港這麼快就落在日人手中。廣州於 1938 年 10 月失陷後，香港在 1939 年至 1941 年間就一直處於「孤島」狀態，但這幾年裏香港糧食卻仍可以維持，不但給本港居民，還供應給不斷湧入香港的中國難民。當時，湧入香港的中國難民的人數是以十萬計的。香港人口在"七七"抗戰前僅過一百萬，但到 1941 年香港人口已達到一百七十萬之多。香港是個彈丸之地，當時香港的周圍都給日軍窺伺着，華南基本上被日人佔領了，而香港的糧食卻能夠維持本地所需達三年之久，看來香港當時糧食供應的系統是行之有效的。英國政府總是覺得香港有險可守，可作持久戰，因此在 1940 年、1941 年時香港政府已作出相應措施，組織了糧食統制處，要求本港米商在盡可能的範圍內囤積一些米糧，而這些囤積均在香港政府整個計劃和領導之下，不至流於讓米商們囤積居奇，抬高米價。抗戰前夕，香港的米糧估計可以維持未來半年的民食。據統計數字，香港的存米經常維持八十萬包，約一億五千萬斤。足供半年至八個月的民食。不但如此，香港當時是個轉口港，除了米糧，其他的物資在香港也囤存了不少。抗戰爆發後，運來的貨物是斷絕了，但積存的貨物亦不能運走。糧食是這樣，其他物資亦然。香港政府同時亦都知道還要維持一、二萬軍隊糧食消耗的需要，這亦納入香港政府預算在民食供應方面的整體計劃之內，務令軍糧不會缺乏。不過香港會在短時間內就陷入日人手中，這是意料不到的。

日軍攻打香港的時候，整個社會秩序大亂，市面零亂不堪。在十八天戰役期間，倉庫被歹徒趁機爆竊和劫掠的不計其數，整個社會的治安已經全面崩潰。日軍佔據了九龍，正在攻打港島的時候，亦深知港島西區的倉庫，有大量的米糧和貨物。

戰亂中，糧食佔首要位置，毋怪許多歹徒屬意於儲米的倉庫。以前用來盛米的藍綾包（即麻包袋），每袋重百多二百斤。歹徒只要爆開米倉，就可肆無忌憚地一袋袋源源不斷地扛走。被盜走的米雖然仍在香港，但離開米倉、米舖後落入了不法之徒的手中，就輾轉在黑市以高價出售。當時的米真可謂"米珠薪桂"。期間，香港政府仍有力統制米糧，規定米店須開門營業，停戰之後，米價暴漲，由戰前的兩角一斤升至一元。即使米舖有米儲存，舖主也不敢開門做生意，因為一開舖就有被人搶劫的可能，暴徒一到就會血本無歸。所以當時米店東主都是不會輕易冒險開門賣米的。1941 年 12 月底日軍舉行過入城儀式後，香港局勢轉趨平靜。在日人建立的新政權下，那些爛仔、劫匪、暴徒稍為斂跡。他們並不知道日人下一步會對社會治安採取什麼步驟。結果是日人在短期內將所有倉庫都查封了。他們在倉庫的門口用木條釘封，任何人不得內進，貨主、倉主都不例外。這個封倉行動維持了好幾個月。在封倉期間，貨主、倉主均無法開倉，無法取得存貯的貨物。米舖亦如是。到了1942年1月中旬食米的配給制度才開始實行，在這半個月裏面一直無正常的食米供應，令到香港市民叫苦連天。

## 謀求出路

三年零八個月期間，糧食問題一直困擾着日本人統治下的香港。日人侵佔香港後，成立了過渡時期的善後委員會、華民代表會、華民各界協議會等民間組織。這些民間組織雖有代表性，但主要是由日人政府授意組成的。在這些委員會每周或每月召開例會的時候，或他們與日人總督開例會的時候，半數會議均會涉及米糧供應方面的問題，可見米糧的供應在當時是一項重大問題。1月間，軍政廳酒井隆中將與其部下同港商開會，希望能盡快復市。復市的意思是多方面的。第一是想香港社會回復正常，免增日人在治安上的負累。第二是想使香港居民在衣、食、住、行幾方面的問題初步得以解決。第三是想粉飾太平。第四是復市後日人對社會工商方面可以明確控制操縱，或給以指示和擺佈。但商人復市卻有困難。不是他們不想開市，而是開無可開。倉庫已被封禁，不能解封。店舖存貨亦已所存無幾，許多店舖遭受到重大毀壞，加上當時的治安仍無多大保障。商人們比較一下，覺得開業比不開業更不利。為什麼呢？因為不開業他們自己雖暫無進帳，卻又無甚損失。店舖所餘舖底或存貨也還暫可維持他們自己和家人的生活，如果貯藏量較豐或米糧和其他食品多點的話，可以說他們暫時是衣食無缺的。如果店舖是租回來的，就以戰亂為藉口，索性不交租，屋主也無可奈何。但如果開業的話，他們對於能否保存貨物毫無把握，以搶劫為生的歹徒隨時隨地窺伺着，同時也難免遭受日軍的囉嗦。搶掠是無法可以預防的，而且政府亦可能濫用權力隨時將貨物充公。還有，如果開業售糧，這些糧食賣什麼價錢亦是個問題。如以黑市價為標準以高價出售，當然可以趁機發大財。如以戰前的糧價為準或以低價賣出，肯定是會蝕大本。因為過一段時間，必需品的價格必然會上升，而且上升的幅度是以倍數計算的。1942 年初必需品和糧食的價錢已是戰前的價錢的三四倍了。

日人很清楚糧食對香港的重要性。香港並不是出產糧食的地方，卻要維持一百六十多萬人的生計，在日人心目中這是不可能的。在承平時代，香港的工商業、轉口貿易發達，要維持居民的糧食當然是輕而易舉的。但在戰時，日人完全不可能維持港人的糧食，亦沒有理由從別處轉運糧食來照顧這一百六十萬龐大嗷嗷待哺的人口，因為從戰略上、從經濟上講，香港在十八天戰役後已變為無價值的了。開源辦法日人辦不到，只好採用節流的方式。節流是用釜底抽薪的辦法，將大量港人遷徙到別個地方。香港居民絕大部分的故鄉是在中國，而且多數是在廣東省各縣、各鄉村，因此 "歸鄉政策" 就應運而生。在 1942 年 2 月間當局就積極勸諭各社團、各會執行歸鄉政策。善後處理委員會和兩華會都要盡量協助日人政府辦妥這件事。這是關乎百幾萬港人生計的大事。日人的目標是想將一百六十萬香港人口減至五十萬，換句話就是要遷徙超過一百萬人口了。總言之，歸鄉政策的宗旨是要讓一百萬人離開香港。這絕不是一朝一夕可以辦到的。

## 糧食配給

日軍佔領香港初期，糧食管理混亂不堪，市面上無米供應，直至 1942 年 2 月初才由日本統治者作全面安排，設置米站。米站開始設置時數目是很少的。每個區域只有一兩間米站而且諸多限制，規定每人只可買自己本人的口糧，如果某人要代家中老少去買口糧，必需持有證明。公價米大概二角錢一斤，每人只能買四角錢約二斤米。排隊買米的人大排長龍，只見龍頭不見龍尾。當時人們每天的唯一大事就是去輪米，其他的事都變得不重要的了。人龍本來是單行排列的，但因人太多變成要三四個人並列排行，情況相當的混亂。米站絕早開門，但米很快就會賣光。離去的人明天要大清早再來，不散的人可能要苦候一個晚上至第二天早上才能買到米，有時日軍索性解散人龍，勒令所有排隊的人離開，否則給予懲罰，或用槍托打，或用腳踢，或用掌摑，用暴力逼使買米的人們離開。當天的米買不到，明天的口糧能否買得到，也還是個未知數。盛米的工具各式各樣，有人用趕縫出來的口袋，有人用臉盆漱口盅，有人用恤衫或其他短衫做成米袋，有人用手巾包裹。

　　到了 1942 年的 4 月，日人與香港米商達成協議 —— 從泰國運米進口，以解燃眉之急。但運來的米質量很差，運輸的時間亦很長。第一批米在是年 5 月底運到香港，但仍不夠港人開銷。之後雖陸續運來幾批米卻仍然不夠供應。日軍在香港設立的經濟部與米商開了幾次會，結果成

立了一個米業公會 —— 白米元捌處。"元捌"是日本詞，即批發意。實行小賣制度，分發給零售米商，以配給方式賣予市民。香港有約六十間經核准的米舖，而九龍則有四十間左右。每個家庭每天可買二斤米，1942 年上半年，米的供應量已很緊絀，官價維持在軍票二十錢（即港幣四角）之間。日人的民政府成立後，軍票已成為唯一的官方貨幣，港幣非官方貨幣，但可暫時使用，兌換為軍票的一半，亦即等於所有的物價已上升了一倍。6 月中，米價已暴漲到每斤軍票三十錢（兌港幣六角）比戰前貴了二到三倍。黑市的糧價比公價更加貴出許多倍。當時公價米不易買到，而黑市米則充斥市面，但價錢更貴。可是，人為的災難卻有增無已，7 月 24 日當局正式宣佈軍票與港幣的兌換率為一比四，即是說港幣一再貶值百分之五十，而物價又上升多一倍。因此，米價每斤軍票三十錢，合共港幣一元二角。

　　日本人採用了計口授糧的辦法。一般是通過區役所設立一些米站。這些米站與人口統計、戶籍統計有直接關係。每個米站大概需要供米給千多戶人家。因此一個米站實際上大概負責約五千個人的口糧，其繁複之處只是按證配售。最初每人每日配給約四両米，後來增至六両四錢。如果三日輪米一次，一個五口的人家，買到的米就約有十斤。這也只是僅堪餬口而已。米價則作幾何級跳升，由每斤四角至六角升至一元多一斤，在港元對軍票換率貶值下，這情況就更差，黑市價就更高了。黑市米來源於歹徒爆倉所得，價錢當然是不會便宜的，亦有些是從中國各地區偷運入香港的。

因為計口授糧的緣故，日人就要依賴區所、地區事務所這些半官方半民間的組織來執行實際工作。這些區所主要負責編製區裏人口的戶籍，寫在米糧配給證上。戰前居民不知有米證這回事，有錢就可以買到米，因為米糧並不缺乏。在日佔時期，米證卻可控制到糧食的出入，配給，還可掌握人口的移動情況。這個米證及米糧配給制度，在三年零八個月中維持及施行了絕大部分時間，甚至戰後米證亦繼續使用了好幾年才宣佈取銷。因為其他的副食品供應少，甚至全缺，人們吃的飯量就變大起來。六兩四錢的米本來是足夠一個人每天的食用的。（今天我們根本吃不了那麼多，因為我們還吃其他的雜糧，肉食和水果等等。）抗戰時期，食品奇缺，人們一日三餐只有那麼一點米飯吃。因此，每天供應六兩四錢米就顯得不很夠。再說這六兩四錢米的米質也很差，多是些碎米、"地腳米"（就是掉在地上給撿掃起來的），甚至是蛀壞了的，絕不是什麼好米，而且米裏還摻雜了許多穀殼、穀糠、砂石，實際上是不足六兩四錢米的。

供應米糧最為艱苦的時候是在 1944 年中以後。從那時候起，日人在太平洋的勢力逐漸衰弱，他們的敗象已成，在國際上對外交通已陷入困境，而香港對外的交通亦無任何獨立性。1944年至1945年間，不少香港人因缺糧迫得吃野菜、番薯藤、花生麩、木薯粉，甚至吃樹葉樹根充飢，苟延性命。其實吃這些東西，無論是短期或長期對於身體都是有很壞的影響的。到了戰後，大部分香港人都有營養不良的毛病。受三年零八個月戰時生活的影響，香港多數人的體質都很差，體力萎靡不堪。腳氣病是當時的常見病之一，就是營養不良造成的。與米糧同時供應緊張的還有油、糖、麵粉等。這些主要食品或副食品在昇平時代不覺珍貴，戰時卻特別珍貴。米站的分佈比較疏落。在日人的行政體系下不是那麼容易將米站的權力隨便交與任何一家米舖。米舖作為米站是要經過嚴密審查的。通過區域所或區所對戶口作周密的審查，並且編寫出那些計口授糧的米證後，指定的米站才能依證配給米糧。例如西貢，在1942年3、4月間，當其他地方已經有米供應時，西貢地區就是連一間米站都沒有，當地居民就要到鄰近的地區去輪米。居民代表就寫了很多封信給有關當局和華民代表會，要求在西貢開設米站，以利西貢民食，免他們長期地要長途跋涉，甚至有時買不到米，徒勞往返。這件事也搞了好幾個月，他們對西貢一間米舖作過周密審查，證實這間米舖確實足以付託才將配給的權力交予他們。

早在 1942 年初就已有許多米商或出入口貿易公司致力於運米工作。米的來源，來自澳門和鄰近地區、廣州、廣州灣。有些米是直接從泰國和西貢等地輸入香港的。這些米商、進口商在 1942 年致力於運米工作，其實是既利人又利己的。利人就是米運來後可以周濟香港民食，利己就是能夠獲得一定的利潤。米作為一種貨品，當時彌足珍貴，是一種重要的財富。這些米糧（出）入口公司，當時主要是經營入口生意，卻無貨可運出口。這樣的公司有數十家，他們運入香港的每一批米都有四五十萬斤，但卻仍不能維持民食在一個合理的水平。

關於在指定米站配給食米，其實還有很多的枝節問題，米站原是民辦的米店，不過經領有當局的批准，以小賣商的形式，按米證配售食米給區內居民。米站的米是從"元捌處"領取的，而米店須就區民領米的數量，預先向元捌處申請及預付米款。有些米店因資本短缺，未能領足該店在區內的配額，以致後來的輪米居民購不到米，需要逾期再去輪候。過了期去輪米的居民又要經過一個繁複的程序，就是要親到區政所解釋逾期不領米的原因，經在米證上蓋章後才可再到米站購米。此舉為防止居民取巧、雙重領米。

一般米店配米，在上午舉行。當局為防止私相授受，冒名頂替，紀錄蒙混和破壞秩序等情況，通常派區所的監督員和憲查（警察）在場監視。輪候者購完了米離去後，在場監察人員亦相率離去。等到逾期領米者到來的時候，因監察人員不在場，米店人員便不敢售米。米店從元捌處進米，以包數計量。通常一包重一百六十斤。碰到米包不足這斤數時，數量自然不足應付輪米者，故經常有些人也需要再過一天才去補領米糧的。

## 供糧惡化

踏進 1944 年以後，香港食米的供應，極度緊張。當局因存米已用罄，連僅有的配米計劃亦於 4 月 15 日宣告取消，改由米商安排運白米入口。香港華人社會以華民代表會為首，向廣東省提出借糧。8 月，鄺啓東拿着華民代表會的信，親到廣州見陳春圃省長（隸屬"汪系南京政府"的）。結果，廣東省方面，批准港商六十七家從廣東辦運米糧入口，第一期每家二萬斤，共一百三十二萬斤，稍解港民之困。

在日本佔領香港時期，有一些知名人士、大富商或舉足輕重有影響力的人士出來做些斡旋的工作，目的是使香港米糧不會斷絕。其中一個表表者就是胡文虎。胡文虎是《星島日報》，戰時叫《香島日報》的創辦人。他眼看香港饑饉載道，便和一些熱心人士及社團組織了“香港民食協助會”，謀求對糧食的供應有所改善。在他主持下，一家名叫“中僑公司”的商號便周而復始地從外面運米入口。運進來的米，他通常將一半讓給當局去配給居民，另一半則分配與會員、合作社等組織。這樣做法他行之有年。1944年4月15日，日人政府宣佈取銷配給制度，以開放市場取代。主要原因是日本發覺漸漸在太平洋西岸站不穩，軍事和經濟壓力來自四方八面，沒有餘力在東南亞各地安排糧食的運輸。中僑公司運回來的米，每斤取價軍票三元，在當時已經是很廉宜的了。

另一家有長期運輸米糧歷史的公司是東榮公司，總公司設在大道中（中明治通）陸佑行樓上，從1942年起便無間斷的運米入口。光是1944年首三個月，它運進了白米二千餘包，約二十六萬斤，價值為八十多萬日元，每斤成本也在三到四日元之間。這運輸數量其實也是很渺小的，因為以香港當時約七十萬人口，一天就可以把東榮公司三個月來運進的米吃光，不過這類公司的工作在糧荒的年代，仍是受到港人歡迎的。

# 第九章

# 分區統治

# 分區管治

　　稍在兩華會設立之先，香港佔領地總督屬下的民治部已積極鼓勵另一批地方知名人士籌組地區性的組合，以配合政府的政策和命令在地方推行，同時將共同問題向上層的華民代表提交，冀佔領地內的行政得以暢順。在新總督到任之前，軍政廳時代已有地區事務所及區政所的雛型。故在 1942 年 3、4 月間成立"區政聯絡所"，作為各地區市民和民治部分區官員之間的橋樑。當時地區上有名氣的律師及原後備警察副司冼秉熹"唧"命為香港區政聯絡所所長，負責統籌香港各區區所的設置，時人戲稱他為"香港市長"。

　　淪陷前香港的治理並無系統性的分區行政管轄。自開埠以來，港島、九龍半島和新界，雖有地域上的劃分，大體以地理的區分為主；由於地方幅員較廣，有少數政府部門和主要服務，也設有分處，例如警署、衛生局等。可是由於資源有限，需求並非迫切，故基本上仍是單一的由中央政府管治。因此，區政所或區所開創了百載未有的新局。初時這個體制的法律地位、權限、職員身分等都不明確，組織規模亦小，辦理的是一般的行政事務。1942 年中，總督部發出了命令，確立區所的法律根據，並使體制整齊劃一。

在體制方面，民治部在港九、新界各設一個地區事務所，所長一人，由日籍官員出任。地區事務所之下分設若干區所，設正副所長各一人，由當地華人出任。與區所所長共同參予分區政務的尚有區議會的設立，每議會人數由六名至十名不等，俾在公眾事務上可廣徵民意。

各區所處理的事務，主要是配給米糧、生活必需品、戶口調查、居民遷徙、各項申請、衛生及其他關係華人的行政事務。為配合區所制的推行，總督部在 1942 年中公佈了港九、新界二十八區的劃分。最令港人看不過眼和不習慣的就是有些地區和街道改了很日本化的名稱；例如，鵝頸區變了“春日區”、跑馬地變了“青葉區”、紅磡變了“山下區”、九龍塘變了“鹿島區”、皇后大道變了“明治通”、德輔道變了“昭和通”、干諾道變了“住吉通”、彌敦道變了“香取通”等等。這些做法無非是表示統治者君臨香港，加重其佔領地意味。

關於區所的經費問題，暫由總督部支付，期以將來各區自行徵區費、手續費、伕役課、賦課；漸次實行自治。其實香港居民囊空如洗，饔飧不繼，路有餓殍，死亡枕藉，工商經濟不振，故區所經費，全無着落，徵收形同具文，實際只靠總督部支撐。

行政監督方面，各區所須直接向地區事務所所長負責。兩華會在關係華民的事情時可視為總督的直屬機關，故對區會及區所有指導之責，同時亦須與三個地區事務所所長（日人）戮力，使區政趨於完善。1942 年 6 月，佔領地總督部首先公佈了港、九、新界二十八區區政所名稱，區長姓名及他們的電話號碼。一個月後，總督部頒佈區制的命令，區政所更名為區役所；同時，副區長的姓名及區會會員之名額亦確定了。區制由 1942 年 7 月 20 日起實行。

區長統轄區的事務，是區的代表。這符合了以華制華的政策。正副區長由總督任免，區所內的吏員由區長任免。區會是備區長諮詢的組織，凡有重大事項區長均應諮詢區會；區長同時為區會的議長。這個區所，區會制度將地方行政從中央政府解放出來，化整為零，使中央之於分區運作，如臂之使指。其結果自然是地方行政更加緊密，且符合管理原則，應算是有效的行政制度。可惜的是日人以此制度作為加強其統治港人的工具，絕非為市民的福祉而設。

區役所設立後，磯谷廉介先後往各區所巡視，以表關注與鼓勵。同年 8 月，各區的議會會員亦順利選出，共百餘人，遂與三地區事務所所長，兩華會代表等舉行第一次聯席會議，他們的名單亦在報章刊登了出來。三個地區事務所所長，以香港的松葉重助最具影響力，過了一年多，山下義清繼任；九龍是上野專吉；新界是吉本歡成。

確保區內無莠民，是區役所的份內事。總督部設立之後，經已三令五申，要全港居民填報居住所在地的戶籍，列明個人資料及職業等，作有系統的存案。憲查（即警察）經常在市內逮捕無業游民和乞丐。如被捕者在所有戶籍登記，其家屬可向區所具報，經調查後可取得原在區所登記資料的抄本，用以保釋被捕者。

因當局銳意確立戶口制度，故各區所印製戶籍調查表，並安排調查員逐戶調查確認業權人的身份，並填寫表格。既然建立了戶口調查制度，當局對人口流動及人數戶數掌握準確。以 1942 年 10 月底調查為例，得知港島有戶數十一萬四千零四十五，人數四十五萬九千七百三十六；九龍戶數十萬一千五百四十，人數四十二萬七千零三十九；新界戶數二萬一千八百三十三，人數十萬二千八百九十九；總戶數二十三萬七千四百一十八，總人數九十八萬九千六百七十四。

這次戶口調查，可以算是對港九、新界二十八區區制的一個考驗。既然有統計結果，當局就大加宣傳，說二十八區區長全部委出了，區會運作正常，分區行政組織已臻完備。為隆重其事，磯谷於 11 月初在東亞酒店（半島酒店）舉行了一個大型的招待會，出席的有全體區長、兩華會委員、總務長官泊武治、民治部長市來吉至等。

與其說區制是當局探求民意的渠道，毋寧說它是當局管治市民的工具；與其說區制可方便下情上達，毋寧說它的指定職責之一是上令下傳。三年零八個月期間，有不少地區性的大型工程、拆建或遷徙計劃需要當地居民容忍、遷就或讓步的，當局都毫不例外地責成區所去完成上令下傳的工作。較明顯的實例有 1942 年 10 月港九兩地設置慰安區（紅燈區）引致的大遷徙；1942 年底及 1943 年初啟德機場擴建工程引致九龍城區的大遷徙。前者影響千百家民居，擾民極甚。後者是超級重點工程，關乎軍事和防衞，當局除動員九龍地區事務所、憲兵部、兩華會和區所之外，還組成協助居民遷移委員會，任命區內首腦人物為正副主席，務求遷拆順利，以配合以總督部參謀長及海陸空高級官員組成的"香港飛行場建設委員會"的工作。

## 分區管治的下場

日人在香港佔領地推行的區制，無非是透過以華制華來統治香港居民的一種手段，而並非在一般正常政府管理下的體制。統治者通過區制，方便了他們的單向、即由上至下的傳令。在日本統治者角度來看，區制幫了他們不小的忙。惟對香港市民而言，絕無好處可言。

1942 年中以迄 1943 年底是區所及區會制度的黃金時

代，驟眼看來似有政府與居民兩皆受惠的錯覺。1942年以後，離港歸鄉的人漸多，到1943年底，人口不足八十萬，這本來是好事，亦是日人的目標之一，因為可減輕本港米糧及柴薪的消耗量，可是若干區制下的工作人員亦隨之他徙，或縱使留在香港亦無心戀棧。財政是一個極重大的難題；民食已極度缺乏，遑論有足夠財力去支持區制的運作。區長及其屬員，瞬即走上一個無薪可支的窮途。組織初起時，有關人士縱對區制無熱誠也不得不為稻粱謀；但後來發覺連半餐溫飽都談不上，惟有退出或放棄。因為這是一個統治的手段，區所人員所承受來自上層的壓力是不輕的，憲查和憲兵部的干預就是明顯的例子。

1944年中，日本在東亞及太平洋戰場形勢逆轉，這是全港居民都知曉的，故此展望重佔快要來臨，又深知在日人羽翼下的覆巢，什麼也將不能保全的了。1944至1945年中是香港社會極艱苦的時期，糧食幾近斷絕，患病者比比皆是，死亡枕藉，每個居民的生命危在旦夕，香港淪為廢墟和死市。此時縱有天大本領，也難令分區統治的體制復甦了。

第十章

# 敵後的地下活動

## 敵後組織

有兩個創新的敵後組織，其發起人和領導們都來自香港或與香港素有深厚的淵源，雖然所屬國籍不同，而且一個在 1941 年前已扎穩了根，另一個在 1942 年才成立，但不約而同地結集成龐大的組織，分佈在遼闊的地域，不時在敵人心臟地區埋伏，或在敵後偷襲，使日人疲於奔命；同時亦從香港或附近地域救出了無數志士，使脫險境，回到安全地區。這兩個組織分別是東江縱隊港九獨立大隊和英軍服務團。

廣州陷敵後，廖承志的辦事處便和曾生、吳有恆等首腦研究，在東江地區敵後展開游擊戰，作為抗日的一條新路綫，與八路軍和新四軍互相呼應。廖在港的助手有連貫、梁上苑（梁育連）等。

素有革命傳統與愛國愛鄉熱忱的東江人民，在國土淪亡的情況下迅速組織起來，向日軍展開游擊戰。而共產黨的地方領導人一直支持他們，因此整個民眾組織的傾向是偏於共產黨的。

游擊隊的班底來自“僑港惠陽青年會回鄉工作團”，是一個極其溫和、非軍事性的團體名。參加者有香港的工人，尤其是香港的海員、南洋華僑、當地的農民和學生，及散佈在東江地區的紅軍游擊隊員。

自從 "七七" 以來，香港的抗日熱潮澎湃，各類相應的運動，例如宣傳、出版、劇藝演出、籌款、辦訓練班、接待和運送有關人士等，都搞得很蓬勃。

戰火蔓延了半個中國，很多愛國青年都從廣東省各鄉各縣避地來到香港。閒來無事就打小型足球來打發時間，兼且組織了足球隊。聊天的時間多了，就不約而同討論時局，相約等機會挺身救國。結果就組織了一個會社，取名 "晨鐘社"，以達其相互勸勉、提高警惕之意。這些年青的社友包括了鍾子騂（鍾明）、葉鋒、劉宣、黃國偉、鍾仕開、廖健（廖安詳）等。梅縣素有足球之鄉的美譽，那裏的青年人都喜玩足球，而晨鐘社的足球友大都是梅縣同鄉。其中三數名年紀稍長而在社會上任事和頗有經濟基礎的，例如在南洋辦莊和客棧（行船館）義順源當伙計頭的廖健，都義不容辭地捐獻了不少時間和錢財，調撥資源，使青年人回國學習、服務和打游擊，和後來營救志士從日佔的香港脫險的多項計劃得以成功。

"七七" 以後，共產黨為謀求其轄下的抗日部隊在海外有聯絡站及得到僑胞的支援，便派廖承志來港主持駐港辦事處，為八路軍及新四軍募集捐款物資。這是周恩來親徵得英駐華大使同意後而建立的一個半公開辦事機構。這個辦事處與南京 "國民政府"（汪系）派駐人員和重慶國民政府（國民黨）派駐人員鼎足而三，各顧各的，各幹各的，不相聞問。人、財、物、宣傳都是這個辦事處需要吸收的，回國參軍或參加游擊組織或參加延安抗日軍政大學的年輕人，都是這個辦事處爭取的對象。他們又舉辦了許多宣傳訓練班，晨鐘社的社員參加的和身體力行的，數目不少。

## 游擊活動

廖承志的辦事處，掛出來的招牌是"粵華公司"，地址在皇后大道中的一家銀行大廈樓上。他的表親鄧文釗（何香凝的姪女婿）和哥哥鄧文田在華比銀行任買辦。鄧氏兄弟亦很熱心救國運動，出錢出力，結果辦了"華商報"，又通過華比銀行，將海外捐助源源滙返國內。

梅縣和惠陽一帶的子弟，不僅愛玩足球，而且很具愛國熱忱。東江陷敵後，南洋的華僑組織了東江華僑回鄉服務團，香港的鄉里也大力響應，有錢出錢，有力出力，回國的有千多人。有些去了參軍，有些去了大後方，有些去了延安，而很多卻回到原籍打游擊。

這支活躍在東江一帶的游擊隊伍，最初只有百多人，名為"海員游擊大隊"，因為其領導者曾生在香港海員工會任組織部長。

萬千的愛國志士當中不乏海員。他們在 1925 年海員大罷工時已在社會上顯得舉足輕重，往往走在行列之前，掀起運動，打擊敵人。"七七"之後，在港的五千名海員寧可忍受失業之苦，在日本船上工作的罷工離船，在其他外輪上工作的，罷運輸日物資。曾生早年在廣州中山大學唸書，是"一二九運動"中的廣東學生領袖，在"皇后號"（大型郵輪）工作多年，是中共在港的海委書記，深得海員的支持。故此東江游擊隊和香港，尤其是香港的海員和留居在港的東江子弟，其關係是非常密切的。

從香港運送到坪山、淡水、惠陽、惠州的人才和物資源源不絕，使那裏的游擊隊的勢力不斷壯大。在民眾武裝配合下，不斷襲擊日軍。1938 年底游擊隊曾威脅駐惠陽的日軍，使之退出惠陽。1939 年春又收復了淡水，跟着佔領坪山。民眾武裝發展到四五千人，而且建立了一座小型的兵工廠。

游擊隊控制下的地區包括淡水、坪山至大鵬灣一帶。國民黨的地區部隊，與他們相互協調，劃地而治，打出的旗號是"共同抗日"，並命名這支勢力為"廣東第三游擊區獨立大隊"。後來，雙方發生了衝突，引致該游擊隊挺進廣九鐵路兩側日人敵後，與寶安、東莞等地共產黨組成的另一支游擊隊合併，改名為"惠（陽）東（莞）寶

（安）人民抗日游擊縱隊"。到 1941 年再易名為"東江人民抗日游擊縱隊"。"惠"的一支隊伍領導人是曾生，"東寶"的一支隊伍領導人是中共東莞縣委王作堯。這兩支地方隊伍合起來，"東縱"勢力很龐大，在日軍後方伺機搗亂破壞；所以日軍進攻香港時，也不無後顧之憂。香港十八天戰役中，數度盛傳中國軍隊在敵後包抄來援，攻入深圳、沙頭角，這支游擊縱隊在宣傳攻勢上也着實居功不小的。

太平洋戰爭爆發後，香港苦戰了十八天後終於淪陷。因為正面戰場上日軍有明顯的優勢，東江縱隊即於 1942 年初成立總隊部，下分五個大隊：即主力大隊、東莞大隊、惠陽大隊、寶安大隊和港九大隊。在此以後，一直至抗戰勝利，在香港境內拯救各類人士脫險，在地區上與日人搞對抗，肅清地方上的土匪惡勢力和刺取情報等工作，均由港九獨立大隊包攬。東縱從香港營救國際人士，也是不遺餘力，助其脫險，據黃作梅的粗略統計，救助人士近一百名，包括美國機師 8 名，英國人 20 名，和印度人 54 名，難得的是獲救者日後都多致力反侵略的事業。稍後，於 1943 年底，縱隊正名為"廣東人民抗日游擊隊東江縱隊"。那個時代，"東縱"的名，在華南很響亮。

# 西貢和日人勢不兩立

　　西貢位處香港的東北，其地形特點是海岸綫岩巉，海灣和小島無數，給人和船艇製造上佳的藏匿之所。向東不到十哩的水程，就是大鵬灣的東岸，屬於惠州境界。最近的一個小港是沙魚涌，再北行可到淡水，跟着便是惠州。

　　西貢是香港範圍內最活躍的反日游擊隊基地，也是大部分逃亡者的中途站。西貢人士有高尚愛國情操，當地的地理環境給游擊隊 —— 東江縱隊港九大隊 —— 提供了極佳的結集或疏散條件。

　　香港陷入日人手裏後的第一個中秋節，應是開埠以來最悽慘的中秋，根本談不上什麼節日氣氛。這情景在西貢亦毫不例外。

　　日人和探子收到了綫報後，加以忖測，游擊隊員多多少少會趁中秋潛回西貢，和親友及袍澤敍晤，並藉機交換情報。因此在中秋的翌晨拂曉時分，發動一連軍人，配備犀利武器，開到西貢地區，蠻有信心地包圍烏蛟騰村，逐戶搜查，但一無所獲。

　　日人老羞成怒之下，勒令村長和居民交出藏起來的武器彈藥及供出游擊隊員的下落。村民大義凜然，不為所屈。

　　這次日軍大規模的搜捕行動，確是撲了個空，但連累了不少無辜村民，捱盡了慘無人道的逼供酷刑。

這一天是 1942 年的 9 月 25 日。

在香港三年零八個月的淪陷時期，西貢村民為抗拒敵人，保衛家鄉和掩護游擊隊員，因而壯烈犧牲的不下十人。

東縱的港九大隊，其工作是多樣化的。他們要在淪陷區內透過各種渠道刺取日人的情報，彙集了然後交東縱總部或上峯單位，此其一。他們要在新界各村鄉清除匪幫、惡霸、暴徒等，使不致為患行旅和歸鄉者，和使居民雖在日人統治下仍可安居，此其二。他們要在適當有利的情形下，尤其在新界地區，以武力對抗巡邏的日軍及為虎作倀的憲兵、憲查和漢奸等，此其三。他們要將若干知名人士、愛國分子、抗日志士和千百的文化界人士救離香港，此其四。為什麼要特別着重拯救這些人士呢？主要原因是萬一他們落入日人手裏，日人便大肆宣傳，及乘機要脅，以作為與中國討價還價的資本。日人如果抓住了作家、演員、劇藝界，就會不放過這機會，威迫利誘文化演藝人士成為日人的宣傳工具。例如影星紫羅蓮，不幸落入日人的轂裏，就不得不在他們的宣傳電影《香港攻略戰》中任女主角。當時名旦梅蘭芳和影后胡蝶也在圍城之內，日人對他們極盡威迫利誘之能事，務求令他們為日本帝國服務。

# 抗日文化

"七七"以後，有無數的文化工作者聚集到香港來，一方面避開日寇在國內的蹂躪，在積極方面則展開形形色色的宣傳活動及出版刊物。中共還派出了一些文化骨幹分子如張友漁、范長江、夏衍、胡繩等來助陣。當時這類的刊物或會社及負責人可從以下資料得窺一斑：

| | | | | |
|---|---|---|---|---|
| 《中國大同盟》英文半月刊 | 宋慶齡 | | | |
| 《華商報》 | 鄧文釗 | 鄧文田 | 范長江 | 胡仲持 |
| 《大眾生活》 | 鄒韜奮 | 茅盾 | 夏衍 | 金仲華 |
| | 沈志遠 | 胡繩 | | |
| 《筆談》 | 茅盾 | | | |
| 《光明報》 | 俞頌華 | | | |
| 《救國月刊》 | 救國會 | | | |
| 《耕耘》 | 郁風 | | | |
| 《青年知識》 | 張鐵生 | | | |
| 《世界知識》 | 張明養 | | | |

在廣州失陷之前，宋慶齡已發起組織"保衛中國大同盟"（China Defence League），致力於戰時的醫藥和兒童保育工作，總部設在香港西摩道。"保盟"展開了大規模的宣傳運動，向國內外人士宣傳抗日，並募集大量的金

錢、物資、藥物、醫療設備等通過各種公開或秘密的渠道運送到敵後地區，亦運送了一批醫務人員回去。

除了國際朋友和支持者之外，"保盟"和廖承志的辦事處保持了良好的工作關係。宋慶齡和何香凝——兩位愛國志士同時分別是中國革命的先行者孫中山和廖仲愷的遺孀，彼此之間私誼甚篤；何香凝的女兒、廖承志的姊姊廖夢醒還在"保盟"當宋慶齡的秘書。

宣傳、文化、羅致人才入國內，籌集捐款而外，物資的轉運其實永遠都站在一個首要位置。廣州失陷後，原來的中、港交通網中斷了。東江運來港的物資要靠水路，從淡水到沙魚涌以船運到港。從港運回國的救濟、軍用、醫療、交通工具等物資，也沿這條水路運出。

其中一個熱心人士廖健，把賺到的錢買了兩艘電船，一方面平日可以往來載貨，另方面在緊急關頭是上佳的交通工具。後來這兩艘船隻竟立了功，載了些重要人物從香港的虎口逃出來。因為陸路或從西貢出發的東綫水路不好走，而且極其跋涉，故年紀大些的志士們如何香凝、柳亞子等都蟄伏於灣泊在銅鑼灣畔的電船上多天，然後趁機會開船到長洲等離島，再轉船逃出香港水域。

# 英軍服務團

進入深水埗戰俘集中營剛一個星期，義勇軍中校賴廉士（Lindsay Tasman Ride）得到他的屬下李耀標的協助，與兩名尉官摩利（D.W. Morley）和戴維斯（D.F. Davis）逃脫了。他們翻山越嶺，穿過沙田，抵達西貢海岸，然後坐船偷渡離開香港水域，最後到了大鵬灣北岸的沙魚涌。在那裏得到游擊隊的協助，抵達惠州，再輾轉到了曲江（韶關）──當時尚未淪陷的廣東省的臨時省會。

這是繼陳策後逃脫的一夥軍人，也是一個極富傳奇的故事。這四名原來都不是職業軍人，同是香港大學的教職員，賴廉士是香港大學醫學院的生理學教授，在義勇軍中任戰地救護車指揮官，領中校銜。李耀標是賴氏辦公室的文員，是戰地救護車伍長。摩利和戴維斯是講師，屬尉級的義勇軍。

賴氏在曲江期間，積極計劃開創一個新的軍事組織，利用各種人材進一步投入抗日戰爭。他自己既然逃了出來，便想着幫助舊日袍澤逃脫日軍的囚禁。他對中國國情頗為熟諳。同時這次險死還生逃出來，更加深了對戰爭的認識。刺探日軍和日佔香港的情報亦是大有可為的工作。

賴氏匆匆趕到重慶，將他的大計上呈給英使館軍事參贊格林斯代爾准將（G.E. Grimsdale）和英國駐華軍事團司令丹尼斯少將（L.Dermys），得到他們兩人的贊同和協助，再呈請坐鎮在新德里的英軍駐印度總部統帥華孚爾將軍（Wavell）批准。這個關亦毫無問題的過了，但最後要等待英駐華大使西摩爵士（Sir Horace Seymour）向蔣介石面陳這個計劃，取得批准才可成事。西摩爵士陳請時，宋美齡亦在座。整個過程很順利，蔣介石立予批准。賴廉士為這個組織取名"英軍服務團"（British Army Aid Group）。

　　自珍珠港事變以後，中國順理成章為盟國一分子，而蔣介石亦無可置疑地成為盟軍（包括所有國軍）在中國戰區內的最高統帥。英美都有軍事顧問派駐重慶，使三國部隊可以在中國境內並肩作戰。故高層的軍事策略與設施，只要是在中國境內的，一定要得到蔣介石的批准。英軍服務團主要活動範圍在華南，屬余漢謀司令管轄的第七戰區。1942 年 6 月底，英使館軍事參贊格林斯代爾和一等秘書凱瑟克（John Keswick）（後為怡和洋行董事長），聯袂從重慶飛抵曲江，和余漢謀及其僚屬商談英軍服務團配合第七戰區軍事活動的細節。余氏最後對英軍服務團在其轄區內活動也沒有異議。

　　英軍服務團這個計劃，巧妙之處就是：它的服務對象是盟軍、英軍，尤其是在華南的英軍，包括囚禁在港的英戰俘數千人；它需要在國軍管轄範圍內活動，但執行任務時就須貫連及通過國、共游擊隊的勢力範圍，然後滲入香港及與港戰俘聯繫。

在隸屬方面，英軍服務團名義上是英軍駐印度總部情報科屬下的一個屬非戰鬥性的組織，類似英國的軍情局第九處（M.I.9），它的工作重點是彙集和分析情報、設計逃亡方法、營救逃亡者、提供醫療和支援服務、通訊聯絡等。為配合這些工作目標，1942年5月賴氏被任命為英國軍情局第九處的駐華代表，直接向英國駐重慶大使館軍事參贊負責。

英軍服務團既然是軍方的一個非正規組織，其人員是各式各樣的：有軍士、有平民、有歐洲人（主要是英國人）和亞洲人（主要是中國人），有男有女、有大學畢業生，也有僅受小學教育的村民。

在重慶，一致議定英軍服務團的總部應設在廣東省臨時省會的曲江。賴氏回到曲江之後便招納舊部和展開組織。

賴氏的一名主要助手王國棟教授（Gordon King），也在1942年2月間到曲江滙合。香港淪陷後，王氏得暫時免進集中營，繼續留在大學校園照顧那裏的臨時醫院。2月中，他喬裝溜了出來，從西貢渡海到沙魚涌，經惠州抵曲江。

賴氏又吸收了何禮文（D.R. Holmes）、麥基雲（C.M.

McEwen）和賀萊特（E.M. Holroyd）。

何跟麥是十八天戰役中屬“Z”隊特工，在隊長簡度（F.W. Kendal）指揮下，一組十來人專責爆破、拆毀橋樑及擾亂敵後的工作。麥和簡後來奉命護陳策出險。何則喬裝逃出香港，到惠州再轉至曲江。賀是從北角戰俘營於 1942 年 1 月逃出的第二批戰士。“Z”隊的舊部，很想借英軍服務團的成立，大展昔日作敵後顛覆活動特工的身手。賴廉士鑑於英軍服務團工作目的所限，同時以該國人士若在華南擁有起碼的武裝，勢必與東江縱隊有軍事上的連繫，會惹國民黨部隊的猜疑，故類似“Z”隊性質的工作，在英軍服務團裏沒有展開。

在曲江，賴廉士還得河西醫院院長梅守德醫生（S.H. Moore）的協助，在醫院成立臨時總部。同時又得廣州紅十字會黃雯醫生的幫助供應醫藥和人手。賴氏更積極從香港救出醫生，使隊伍壯大。仗義幫忙的還有香港世家利銘澤。他雖任職於中國茶葉公司（華茶），但計劃創始之初他充當賴氏的顧問。

2、3 月間陸續有英軍戰俘從香港逃出。4 月中，祁德尊（J.D. Clague）、韋特（L.S. White）、皮雅士（S.L.C. Pearce）和蒲士傑（D.I. Bosanquet）也從惠州到曲江滙合。賴氏選取了祁氏做惠州前哨總部的指揮並在 7 月初着他到惠州部署一切。

早在 5 月間賴氏在曲江即錄取了港大畢業生徐家祥任他的私人助理，打點辦公室一切，6 月底就派徐氏去惠州成立前哨總部，並設立戰地情報組（Field Intelli-gence Group），主要是派人回香港探查關於戰俘的資料，旁及日人在港的軍事和民政情報。最初這些情報工作是專為營救戰俘而作的。

　　1942 年的曲江，一方面是廣東省戰時都會，冠蓋雲集，主要是廣東很多地區，包括廣州市，已淪陷多時。一方面是第七戰區司令長官余漢謀的總部，是軍事重鎮，另一方面是小型的香港，因為逃離香港的市民、大學生、文化界人士、公務員、原義勇軍部隊、逃脫的戰俘等，很多都輾轉去到曲江。在街上、旅館中和政府辦公室，很容易碰到相熟的香港人。香港公務員在人地生疏的情況下不易找到差事，英國駐重慶大使便派石智益（P.C.M. Sedgwick）（戰後任香港勞工處長等職）到曲江登記公務員，發放積壓的薪金給他們或予以貸款，以濟燃眉之急。在這一大羣人中，賴廉士也選中了一些得力助手，以擴大英軍服務團的編制。這個前香港公務員登記機關，隔了幾個月便在惠州開了個分支，派前庫務署的書記長黃賢修主持登記和帳籍的工作。這個香港政府臨時辦事處和英軍服務團的惠州辦事處是一板之隔；而後者主任很多時還要兼顧前者的業務，可見兩者之間的密切關係。

在惠州的前哨總部，英軍服務團編制的職別大致可分為：主管、軍官和專家、員佐、辦公室支援人員、特工和情報收集者。除了後兩者外，其他各級都沒有必要潛進香港行事。

為什麼要選惠州做前哨站呢？理由很簡單：惠州距離香港是兩三天路程；而從香港到曲江，也是必經惠州的，要繞道避過廣州，就要約十五天路程。惠州做前哨無疑是得地利的。

英軍服務團籌設之初，因尚未得重慶方面首肯，經費很拮据，賴廉士便商諸突圍回到自由區不久的陳策，陳策慨然以個人名義，擔保賴氏向國軍第七戰區借貸數萬元國幣以應急需。到了 6 月，萬事俱備，服務團的經費亦不需賴氏操心了。

國民黨部隊和英軍服務團的關係，也算是很密切的。前者一開始就派一名軍官 —— 黎元龍上校 —— 駐在後者的總部或總支部做聯絡。

英軍服務團對日佔時期香港的貢獻，不能以營救出來的戰俘數目來衡量。脫險的實例，以 1942 年上半年較為多見，其時英軍服務團尚未正式成立。起初北角戰俘營有三數宗逃脫事件，深水埗營算最多，前後有七八宗，亞皆老街營和馬頭圍營則很少聽到逃脫事件，赤柱的平民集中營也有幾宗成功的脫險記錄。1942 年中期以後，日軍在戰俘營加強障礙和防守，加以日子久了，戰俘因營養不良體質變弱，非有堅強的意志和特強的體魄，逃脫簡直是紙上談兵而已。關於脫險的安排，營內外的意見也很分歧，見仁見智。贊成者認為多一個戰俘潛逃，可使少一個人受折磨，增加盟軍一分力量，很具積極意義。反對者認為若有一人逃亡，營內其餘的戰俘必受株連，無端受折磨者會很多，而逃脫不成的，多受槍決或斬首極刑。

英軍服務團的貢獻，往往表現於協助間關出走的人士，例如喬裝出關的歐美籍人士和第三國籍人士，如印度籍人士；在香港內蒐集日軍事設施的情報，使盟軍知道日軍的虛實；運送藥物糧食和必需品給營內戰俘；把外間消息傳進營內；為營友帶訊息出外等。這幾方面都做得很成功。

第十一章

# 慈善事業

# 戰前的慈善事業

"七七"抗日戰爭開始後，香港的慈善事業還包括了
難民救濟。許多慈善機構都提供了一系列多樣化的服務。
當時，比較著名的慈善機構、團體就有東華三院、保良
局、聖方濟各醫院、聖保祿醫院及嬰堂、意大利嬰堂、聖
心嬰堂、寶血會女修道院、世界紅十字會、佛教紅卍字會
等。此外，還有幾個團體提供一些較專業性的服務，如：
心光盲人院、京士柏孤兒院、九龍城的廣蔭老人院、大埔
孤兒院、粉嶺育嬰院等等。許多慈善團體或多或少都是與
宗教團體有密切的聯繫。當時這些慈善團體提供一些今天
我們慣稱的社會服務。

在醫療方面，政府有規模的醫院不夠十間，包括瑪
麗醫院、西區傳染病院、西營盤醫院、精神病院、贊育
產院、西區的痲瘋病院、九龍醫院、荔枝角醫院等。全港
約有三分之二的病人都是在東華三院轄下的三間醫院及那
打素醫院診治的。這些醫院的經費來源是華人團體捐款資
助、政府方面的撥款贊助及公眾人士的捐款。此外，還有
十間政府的華人公立診所，當時習慣叫"分局"，遍佈港
九。這些診所亦是由政府撥款或華人團體捐款支持的。

政府還開設了許多福利中心。以 1940 年的統計來
講，前往這些福利中心的人就有二十萬人次。這些中心的

主要工作是向貧苦居民和難民施粥、施飯。有慈善團體統籌散處各地的公共食堂，它就是"香港難民及社會福利委員會"專責救濟工作，每日施粥給一萬人吃，這當然包括了小孩及哺乳期的母親、殘疾人和盲人。1937年以後不斷湧入香港的難民增加了香港福利和救濟機構的負荷。雖然政府不斷地建造難民營收容難民，住在難民營的人數，經常不會低於一萬二千人，而湧入香港的難民仍是數以千計，真是收不勝收。政府又進行緊急救濟服務，包括施粥、施飯、施寒衣，供應日用必需品、提供醫療服務。當時有相當多的慈善團體參與提供這種服務。在"七七事變"至二次大戰之間，許多慈善團體都因參與了這些緊急的難民救濟工作，致使他們的資源大量消耗，經費十分拮据，慈善工作也大受限制。例如保良局，他們在1939年竟收容有一千一百五十個兒童和婦女，當然這不排除與當年因取消婢女制度，使進入保良局的婦女增多了。東華醫院轄下的三間醫院，當時只有病床約一千一百張，但戰時需入該院的病人平均為一千七百人，醫院的病床當然是不敷應用了。為了緊急救濟及提供醫療服務給這些超額病人，在廣華醫院的空地上搭了一些竹棚，用以放置二百張病床來給那些不能離床的病人。在這樣的情形下，政府撥給慈善機關的款項也就越來越大。1939年政府撥給東華三院的款項每年增至一百五十萬元，約等於東華三院全年開支的一半。同年政府給保良局的撥款是十萬元，但這十萬元卻僅夠保良局這年的三分之一的開支。

戰爭一起，令絕大部分慈善機構頓時手足無措。如他們想在銀行存款中提取現款去購買糧食或其他用品，提款量卻大受限制。戰前不少慈善機構買了一些股票的，但這時股票卻形同廢紙。慈善團體租給租客的房屋常產，租金也收不到，因租客常賴着不交租。拿房產去拍賣，卻又無人問津。日人對慈善事業卻毫不感興趣，救濟工作好像與他們毫不相干。他們最關心的就是從速疏散香港人口，優先執行歸鄉政策。他們擔心救濟工作做得好，居民就不願離港歸鄉。

戰事令許多人無家可歸，災民、飢民充斥街巷。絕大多數人都是無工可做。1942 年裏有些零星的小型救濟工作，由商會、工會、同鄉會、宗親會這一類的團體主持，對象是行將離港的歸鄉者，但這僅為杯水車薪，絕對無法照顧到全港的貧民、難民，而救濟也是略具形式而已；或給予小小一點錢幣，或供給一些乾糧、或日用品如盥洗用具、手巾牙刷之類；或一些故衣（舊衣服），如此而已。

民治政府成立後，憲兵及憲查認為乞丐、無業游民、流浪者會擾亂社會，不由分說將他們拘禁起來，一律拘押於北角難民營。估計當時這類人達一萬名之數。拘留這些人並不是為了長期向他們提供救援，而是為了遞解他們離開香港，押往鄰近的地區去；或將年青力壯的留下做苦工；也有一些較幸運的獲分送到各慈善機構收容；卻也有被懷疑是特務，無論有否犯罪都被帶返憲兵隊受偵訊。當局會派發小量食物給押解出境的流民，以免他們馬上餓死。而事實上這些食物並不能幫助他們走完漫長的艱苦路程。他們往往在途中餓死或病死。

# 東亞建設基金

1942 年 2 月底，日人用以統治香港的文人政府 —— 香港佔領地總督部成立了。到了年中所有政府機關也算是在運作。這時日本統治者就希望本地社會及各華人團體向日本政權效忠，因此就交一項工作給華民代表會，作為各社會團體、社會人士是否效忠的測驗，這就是籌募獻金，設立一個 "東亞建設基金"。華民代表會接着成立了一個特別小組委員會去進行籌募基金的事宜。勸捐的對象就是工商界人士。戰前，這些工商界人士可能是一時顯赫、炙手可熱的人物，相當富有，在社會上知名度高，在商場上非常成功。但香港落入日人手中後，這些以前的工商界翹楚能否慷慨解囊，捐助這個所謂東亞建設基金就成了一個大疑問。當時，勸捐東亞建設基金的勸捐書寫得非常典雅、漂亮，下署勸捐者的名字是華民代表會的四個委員。勸捐冊也印了許多本，分發給各公司、商業機構、社會各知名人士及會社。這個東亞建設基金籌款目的廣泛而模糊。一般人認為籌到的錢會被送回日本本土政府或獻給日軍，而不是用於本地社會。但無論如何，如果捐錢被認為是一種向日本統治者效忠的行為，各界人士就不得不捐了。到了 1942 年 8 月一共收集到了的捐款約有四萬元軍票，如果以當時兌換率一比四計算（日人當局於 7 月宣佈，兌換率由一比二改為一比四，即是說港幣再貶值一半），就相當於十六萬元港幣。

　　至於本地的救濟計劃就是由居民和社團自籌自給，日人政府不予過問。當時香港天主教的恩主教（Bishop Jose da Costa Nunes）鑑於過往的多個月民生艱苦，許多人飢寒交迫、流離失所、餓孚遍地，動了惻隱之心。在 1942 年 8 月，他對華民代表會主席羅旭龢說，可在教會中撥五千元軍票作救濟飢民之用。這筆錢來自梵蒂崗教廷。主教有權在適當的時間調撥適當款項作救濟之用。既然能得到這麼一批意外的錢作救濟款，華民代表會當然樂意統籌一切。當年 9 月 1 日與日本總督磯谷廉介舉行的例會上，羅旭龢提出了這個建議，並要求政府同時拿出相當大的力量來支持這個有意義的工作。這件事竟然獲得總督允許，並提議將東亞建設基金收集到的款項也用到救濟香港飢民之上。結果這就為香港市民爭取到一項幾乎喪失的權益。總督指定要華民代表會、華民各界協議會、恩主教、天主教組織及東華三院等等提出一個方案。結果大家達成了一個協議：就是東亞建設基金籌募到的款項呈交總督，然後由總督轉交給救濟的基金，所以就成立了一個“華民慈善總會”。這個華民慈善總會的目的是統籌、計劃及指導慈善事業，純粹為香港本地華人利益及籌集和分配捐款。當時的總督及香港華人代表團體全部認為，這應該是一個永久性組織。11 月 14 日，四萬元軍票由籌集款項者全部交給了總督，然後轉給慈善團體。為了支持救濟行動，胡文虎亦以自己的名義捐了一萬二千元軍票。自此各界捐款源源不斷，而磯谷廉介也無端得了一個美名。那就是使本來給日本政府或日軍的利益轉到香港居民身上，然而，此僅是日本人粉飾太平的一招而已。

## 華民慈善總會

在華民慈善總會成立之初，首要任務是做好救濟工作，使飢寒的人有吃有穿，具體工作由天主教總會及

東華三院等機構開展。先分發了幾批款項。第一批軍票
五千元交給東華和廣華醫院以治療一百個難民，初步設
想是每月五千元。又通過地區事務所及區所派發一千件
棉衣給難民過冬。這個數量的棉衣當然是遠不足夠的，
卻總是聊勝於無。

　　1942 年底，在港還繼續工作的慈善團體，大小尚有
二十個之多，在這麼艱難的歲月仍可維持，亦可謂神奇之
至。原因之一是日治政府按個別慈善團體的申請，按期撥
給他們相當數量的米糧、柴薪及其他生活必需品。1942 年
實施計口配糧，成年人每人每日六兩四錢，那些慈善團體
不需天天輪候，可按人頭計獲得配給，數量當然就較大，
而自己在內部可作適當的安排和調整，較為有彈性。

　　籌募善款的事宜既然由華民慈善總會統籌，為此他
們成立了一個專責籌款的委員會，工作在 1943 年初展
開。這個委員會的概念就是選一些來自各商會、會社、
團體的首長、社會賢達、知名人士等讓他們做籌募大隊
的隊長或小組的組長，然後再在他們的組或社團內推選
自己小組的成員。這類小組成員深入到社會各階層去游
說、勸諭個人或商號認捐。籌募也要做宣傳工作，例如
在公共場所和公共交通工具張貼海報，但須先得到憲兵
部及報道部的批准。初時居民對這樣的籌款運動反映並
不那麼熱烈，為此，籌款委員會規定每個委員個人應負

責與若干個商會、會社、團體及社團領袖、社會賢達聯繫。過了兩個月，雖然有關的委員用了很多精神和很大力量去努力勸諭捐款，但也只有十六個團體或社團樂意參加這個籌款運動。於是委員會又作出另一個決定，就是委派華民慈善總會的執行委員會裏的委員做各籌募小組的組長。結果有四十六組產生，每組有組長及組員。跟着又編寫、印刷及發行有關的宣傳刊物。同時亦選派東亞銀行做司庫，主要是東亞銀行的首要董事李子方又是華民代表會的委員。當時議定，到 1943 年 6 月所有的捐款行動就要實施完竣。但有些組長卻想推卸這一類的責任，他們認為他們先前在另一些方面已經有參與捐款運動，現又要他們以組長身份勸諭其他人捐款，角色實在是重疊，有些則認為公眾反應冷淡，應給這運動的推行長一些時間。最後這個大規模的籌款運動募集到軍票五萬五千五百元。為了慶祝這個籌款運動順利完成，舉行了一個慶祝招待會，以此向那些組長表示感謝。如某些組長籌款超過軍票一千二百五十元的，就會得到一個感謝狀。結果有十三個組長獲得感謝狀。隔了一年，1944 年的 8 月至 9 月間的籌款運動就較為成功。這次他們的主要做法是直接同捐款人聯繫。這樣雖然大額的捐款是比較多了些，但實際上統籌的組織規模卻沒有以前那麼大。

這次的籌款運動共得三十萬元軍票。華民慈善總會四個執行委員，每人都捐款超過軍票十萬元，胡文虎亦捐了十萬元軍票。最大的捐款單項是一百萬元軍票，捐款者是一個日本商人山口月郎。山口一直倚日本官方做後台老闆。早在 1939 年、1940 年間他在港已非常活躍。1940 年 8 月受香港政府拘禁研訊，與間諜行為及進行港穗間秘密貨運有關。很明顯地他得到廣州日本當局縱容才可以這樣做的。因礙於國際關係和不想影響英日友好，港英政府在同年 10 月勒令他離境。香港淪陷他又跑回來了。

此外，還有一些零星的籌款活動。1943 年 7 月廣州大華體育會曾派了一個足球隊專程抵港作慈善賽，門票收入有五千五百元軍票，全部捐予華民慈善總會。1944 年 5 月，八和會館也作了兩天慈善演出，門票總共是軍票二萬六千多元，半數送贈給貧困的八和會員，半數贈與華民慈善總會。10 月又有另一場業餘的話劇表演，門券收入也有二萬一千元軍票，亦全部贈與華民慈善總會。

香港淪陷期間，大規模的慈善機構，例如東華三院等，都覺得自己的力量非常微弱，不足以籌夠款項來應付他們自己機構的日常開支。華民慈善總會這類中央統籌機構的籌款活動卻還相當有效，而且比較實際可行。淪陷時期，糧食永遠缺乏，日用品永遠不夠，而款項也是永遠短缺的。其實這些慈善團體的起碼要求只是要有基本的錢，能使它們的慈善事業能勉強進行，就已經非常心滿意足了。華民慈善總會開創之時，就是希望能中央統籌款項，令所有慈善機構都能按組織的大小及收容的人數的比例，從慈善總會領得一些撥款。慈善總會 1943 年的預算案中，定出每間非醫院性的慈善組織，每名受照顧的人每月標準支出是軍票七元半，而住院的病人則是每人每月軍票十二元。撥款給那些慈善機構就按上述的標準。同時為了開源節流，為了將那些設施和資源盡量做到能合理地利用和攤分，華民慈善總會不斷要求各慈善機構盡量專業化。因此保良局只收婦孺，不分年齡，不收年齡大於九歲的男童。超過九歲的男童就被送去聖類斯工藝學校或香港仔兒童工藝院。十二歲以下的女童就留在京士柏（即競技場）孤兒院，而超過十二歲的女童就被送到保良局。這樣分派無非是為了減少重複的工作，使資源最大限度地得到利用。同時也鼓勵所有慈善團體收容的人發展生產力。因此請了一批導師或教練去訓練那些留在慈善機構的人，使他們學到專業技術或技能，以求能自供自給。當然做起來亦有一定程度上的困難，但也有成功之處。如心光盲人院裏收容的盲人有一部分會編織毛衣，編好的毛衣可以拿出去賣錢。香港仔兒童工藝院的男童則會製造一些家庭小用具。聖類斯工藝學校也是如此。大埔孤兒院的教職員和孤兒們就合力在院內種蔬菜及其他農作物。

# 東華三院

　　香港的華人慈善團體，首推東華三院。第二次世界大戰之前，東華三院工作主流之一為救濟難民。東華三院對湧進的難民一方面予以救濟收容，一方面予以資遣回籍。單是 1942 年，東華三院資遣回籍的難民達六千餘人。又以這一年為例，診治人數之眾，破歷年紀錄；是年的收入與支出，亦達百萬元之數。

　　太平洋戰爭爆發後，東華三院受到前所未有的影響。受影響至鉅的是東華東院，因政府即徵用為軍醫院只為救治傷兵之用，限令病人於七十二小時內疏散。能行動者自行回家，非重病而不能行動者由十字車護送回家，重病者轉往跑馬地馬會地下臨時醫院。東院內大部分器材、用具藥物等移往他處暫儲或搬回東華醫院內。

　　當時交通工具有限，人心惶恐，手足無措，加以須處理的雜務，多不勝數，難免產生混亂。在十八天戰爭中，三院醫護人員在院內及各救傷站負起救死扶傷之責，同時在場地、設備和人員方面，亦作出了戰時緊急的安排。

　　日軍佔領香港後，東華東院續徵用為軍醫院，東華及廣華兩院的服務則照舊，不過以當時社會情況而言，支撐起碼的服務已是極費周章的了。

　　三院總理任期一年一屆。到換屆之時，恰為 1942 年初。很自然地無人願意任三院總理、主席之職。故上一屆的首長堅辭不獲，迫得連任。

在這時期東華及廣華兩院備嘗艱苦，但仍繼續提供有限度的醫療服務。因為醫藥缺乏、經費無着，在 1942 年上半年，西醫門診已予停辦。只有零星的醫療服務仍照舊進行，救死扶傷，亦算繼續不輟。可是院中收留病人，因礙於資源，僅以三百為限。

此外，兩院的醫療服務還包括了救傷和急救，注射防疫針。其他福利工作則有施粥、施飯、施藥、施派棉衣和施贈棺木等。與此同時，瑪麗醫院及九龍醫院也被日軍徵作傷兵醫院，其他可服務市民的醫院就少而又少了。東華和廣華兩院是從當局獲得以人口計的糧食配給，但這個配給數量是不足夠的。醫護人員和醫療用品也永遠短缺，因為來這兩間醫院診病的人實在是太多了。不過，在 1942 年中，這兩間醫院的門診部門還是開始恢復診病，一直提供醫療服務至英國重佔為止。1944 年至 1945 年間，香港經常受到盟軍空襲。空襲目標當然僅是日人的軍事設施，但不免殃及池魚，香港的居民也有不少傷亡。因此東華三院還要承受空襲遺下的惡果，負起救死扶傷的責任。還收殮埋葬數以千計倒斃街頭的人，提供施棺、施葬的服務。同時，在華民慈善總會的指導下，東華醫院、廣華醫院亦經常施粥、施棉衣給飢寒的人。

像其他慈善機構一樣，東華醫院亦受到非常嚴重的經濟打擊。他們迫得從銀行提取儲備，而每次提款都屬有限，且需得到日人當局的批准。

本來，東華三院的經費來自政府資助、嘗產及廟宇的租金收益和各界人士捐助。日佔時期內，居民十有其九都失業，或疏散還鄉，故此三院嘗產樓宇的租客，紛紛退租，或繼續留住，但無力交租。淪陷期間，無人居住的樓宇，經常被人偷拆木料鐵枝，漸漸又變成危樓，或須再修葺才可居住。三院的收入減少，支出反而增加。戰前租項收入，年達十八萬餘元，淪陷時期所收租金，每月不足二千；而樓宇修葺的費用，往往大於這個數目。

總計三院在淪陷期間，每月都有赤字。1944年，情況更為惡劣，每月赤字達二十萬元。那一年底，當總理們討論財政時，大都覺得赤字情況，了無起色，如果不開闢資源，三院早晚就要停辦。結果決定在1945年初公開拍賣兩幢嘗產樓宇，底價每幢軍票一百五十萬元，可是無人問津。總理們仍舊為經費問題大傷腦筋。

1945年初，三院高層尚反覆討論續辦與停辦問題。他們一方面發動募捐，一方面裁減員工，以符開源節流的原則。

到了是年4月，新一屆總理就任，由翁世晃任主席。他們出錢出力，首先認捐三十多萬元，跟着在5、6、7各月都有粵劇、音樂晚會、歌舞會等義演籌款項目，因此略多了一些經費。可是，因為物價飛漲，白米每斤價暴升至二百元，簡直是駭人聽聞。當時三院收容的病人，亦降到了每院二百名左右。

## 保良局

另一個有規模、歷史悠久的華人慈善團體 —— 保良局 —— 也面臨同樣的情況。他們已收容了一百二十五個孤兒。這些孤兒都是經嚴格的審查才收入來的，否則進入保良局的孩子就會數以千計。保良局收容的標準是真真正正無父無母的孤兒，因為許多貧困家庭無力撫養孩子，他們將子女充作孤兒，讓其能進入保良局，好獲得兩餐溫飽。1942 年中胡文虎捐了一筆巨款，好使保良局所收孤兒的數目得以倍增，保良局於 1942 年底所收孤兒的數目增加到了二百二十五名。到了 1943 年初，因為政府亦給予了一些資助，所以所收孤兒數目達到三百名。像東華三院一樣，保良局 1941 年那一屆的總理也全部在 1942 年度蟬聯，周錫年仍任主席。1943 年度選出新總理，陳鑑坡任主席，1944 年屆亦全部蟬聯，到 1945 年才選出新一屆的總理。當時東華三院和保良局雖為獨立慈善團體，但它們的主管機構是民治部，屬下的衛生課專責指導東華三院，而文教課則指導保良局。

　　戰時捐款給保良局最多的人是實業家胡文虎。在芸芸慈善機構中，他對保良局情有獨鍾。雖然不是主席或總理，但慷慨捐資，功不可沒。因為增收局童，而保良局又入不敷支，加上要進行修理局址工程，胡氏在 1942 年捐款已逾十萬港元。其實，使保良局經濟陷於拮据的原因之一，是存在銀行的儲備不能隨時提出來以應急需。戰事方起時保良局存有盈餘約二萬元，但遭日治政府凍結。

　　幾經華民代表會出面向當局請求才獲發數千元，到年底又再獲發數千元。

　　1943 年至 1944 年度，胡氏的捐款也在十萬之數；除了款項之外，他還在衣食方面有所捐助，包括白米三千斤、布疋、局童用的衣物和課本。後一個年度，胡氏的捐助仍繼續不輟。另一位在淪陷後期任保良局總理、主席的高卓雄，捐款也數以萬元計。

　　雖然理論上保良局自己要平衡收支，但是日治政府部門如文教課、衛生課，以及華民慈善總會，也有若干補助。

# 第十二章

# 文教、娛樂、消閒

# 教育

　　戰前有中小學校一千三百間，其中私校佔一千間，學生總人數為十一萬人。1943 年初的統計，只有三十四間中小學復課，計港島十九間、九龍九間、新界六間，學生只得三千二百人。那時官方的數字，年齡在六至十四歲間的兒童有十五萬名，其中約 20% 屬於中等家庭。如非因戰亂，最少亦應有三萬名兒童就學。學生人數只得數千，可見失學兒童的數目實在是極龐大。廣大兒童人口當中，十居其九的學業都受到三四年的阻礙，這項無形的損失實難以估計。

　　1942 年，為表示關心華人學校盡快復課，磯谷廉介分日巡視了十多家復課的學校，這些學校包括了知行、聖保祿、培貞、港僑、華仁、西南、聖類斯、聖瑪利、麗澤、鑰智、九龍塘、德貞、德明等。當時復課的中學，學生人數很少多於二百名。隔了幾天，到 7 月初，磯谷在東亞酒店召見總督部認可的學校校長，席上有華民代表會的會員作陪。磯谷的意思無非是鼓勵各校長盡快全面復課。復課不是一廂情願的事。在戰亂當中，教育事業只有萎縮，根本無法復原。官方唯有盡量多開日語學校，吸收居民和兒童學習講寫日文，終歸數量有限。

　　到了 1943 年底，復課的小學有二十七家，學童人數為一萬五千上下，女童只及男童的一半。中學只有十五家，學生人數只得一千七百人，女生也只有男生的一半。幼稚園有八家，學生人數僅得五百名。這些數字和戰前的比較，有天壤之別。

為減輕若干貧苦學生家庭的負擔，華民慈善總會有一部分的補助是給中小學的若干免費學額的。不過這種補助僅聊勝於無。很多家庭面臨斷炊的危機，兒女教育很自然的放在最次要的地位。萬千學齡兒童，在淪陷期間備嘗失學之苦。

## 報刊新聞

1941 年 12 月中，香港已危在旦夕，自此至陷入敵手的十天八天，香港的報紙或出紙甚少，或已經完全停刊。十八日戰爭後，絕大多數報刊都不能迅速復刊。只有官方的喉舌和宣傳工具如日文版和英文版的《香港日報》、日文版的《南支日報》、"南京政府"辦的《南華日報》（戰前、戰後都與英文《南華早報》*South China Morning Post* 毫無關連的）等報紙就很快復刊。其他報紙不能復刊的原因之一就是新聞通訊受到極嚴的控制，無可記載；原因之二是報社同人因戰爭緣故多已四散，很難復隊。到了 6 月才有些報紙或合併後以新的面貌出現，或以舊報形式復刊。（戰前有大小報章 39 種，要全部復刊是不可能的）

《南華日報》是南京"汪系政府"的報紙，1939 年已創刊。《香港日報》，戰前已有英日文版，後來到了 1943 年 3 月 1 日，日文版也改為中文版。《香島日報》戰前叫《星島日報》，是由當時的社會名人、慈善家、發跡自新加坡的胡文虎主辦的。《華僑日報》是一張老牌報紙。《華僑晚報》是屬《華僑日報》體系內的。

《香港日報》的主持人是衛藤俊彥。日文版的《香港日報》早在本世紀初就創刊了。英文版的《香港日報》叫做 *Hong Kong News*，是在昭和 14 年（即 1939 年）創刊的。日人深謀遠慮，眼光看得較遠，他們認為無論在政治、經濟和社會方面均有設立他們自己報紙的需要。衛藤俊彥和他編輯部的同事於日本向英國宣戰的當天就受到香港政府的監禁，但這個監禁只是極短暫的時間。香港淪陷後，這些被監禁者馬上由階下囚變為了座上客。

抗戰前同國民黨口徑一致的和反日的幾張報紙，如《國民日報》、《大公報》、《工商日報》、《工商晚報》和《大眾報》等，其督印人及社長等因香港淪陷，早就逃跑了。這些報館受到日軍的封查，繼續出版是不可能的了。其他在戰前規模較小的報紙如《大光報》、《新晚報》、《天演日報》、《循環日報》、《自由日報》等，在淪陷期內也不能掙扎求存了。復刊的報紙而靠山不夠雄厚的，迫得兩天或四天才出版一次。戰前有些大報發行量高達三萬份，淪陷期內是絕對不可能的。

日人為了要統制言論和消息，是絕對不容許太多的報紙在香港出版的，異己的當然不用說了。他們授意在港的報人，將若干報社合併，以 1942 年 6 月為期。結果，在 6 月 1 日起，《大眾日報》併入《華僑日報》；《華字日報》併入《香島日報》；《南華日報》也同《自由日報》、《天演日報》以及《新晚報》合併了。此後香港中文報章就只有《南華日報》、《香島日報》、《華僑日報》和《東亞晚報》。

《南華日報》戰前是國民黨中央黨部宣傳部的機關報，所以這個報館的負責人與國民黨中央黨部宣傳部的大員是有非常密切的關係的。例如《南華日報》的負責人林柏生，與梅思平，甚至有段時間與陶希聖都是有聯繫的。但是到了"南京政府"成立後，《南華日報》就偏向了汪系政府，與渝系的國民政府就脫離了關係。這張報紙的政治色彩是非常強烈的。《東亞晚報》是唯一的晚報。各報復刊時，每份價錢軍票五錢，算是很便宜了。

當時日人對於報界還是盡量給予方便的，當然這種方便的給予對象是僅指那些能替日本人講話和做事的報人。

1942 年 1 月日人組織了一個記者俱樂部，這是在日治政府報道部的指導下成立的，相當於戰前香港政府新聞處。成立儀式在九龍東亞大酒店舉行。當時有百多人到場觀禮，包括有總督部參謀長，民治部長，報道部長，各部門機關首長、新聞班長及華民代表會代表。這次儀式上致詞的有：記者俱樂部總幹事、參謀長、報道部長及華民代表會的羅旭龢等等。

　　各報合併，日人也認為是一件大事，授意各報人籌備慶祝會。推舉《南華日報》社長鄺啓東為大會委員長，各委員依次為胡好、岑維休、溫文照、羅昭良、林應時、盧夢殊、賈訥夫、盧少峯、何建章、馬兆華、程寶琦等。到了 6 月 25 日晚上，在娛樂戲院舉行的慶祝會上，又是一連串的官方人員、嘉賓和大會負責人的演講，再加上政治宣傳性的話劇 "香港第一百回聖誕節" 助興。

　　此外，在 7、8 月的日子裏，還常有一些招待會，由日人的長官：或總督、或參謀長、或憲兵隊長接見記者。例如，在 8 月 7 日，總督接見了記者俱樂部幹事，跟着就宣佈以後每月一次接見華人記者團。因此 8 月 6 日那天上午十時三十分就在總督部（即舊滙豐銀行頂樓，十四樓會客室作 8 月份第一次接見會）。參加開會的各報記者只有十多人，因為每張報紙的記者或者代表以及記者俱樂部的幹事只限派一人參加。當時談了一個多小時，話題都是關於失業、貧民、與南洋的貿易、從銀行提款、存倉貨物、賣假藥、差餉、水費、國籍，還有華人義勇軍是否能釋放，及如何對待炒貨幣的人等等問題。過了幾天，憲兵隊長野間又接見記者，討論話題是關於兌換潮。其他還有關於酒樓茶室的生意、港幣貶值、治安、購買力薄弱、歸鄉、市場物價波動及抬高物價從中漁利的不法行為、及薪金等問題。

　　1942 年的 6 月，在各報合併的同時，民辦但由香港日本官方大力支持的"大同圖書印務局"組織成立，並決定出版《新東亞》月刊和《大同畫報》，這個組織的資金大部分是來自胡文虎。該刊因此趁機召集各報代表出席一個時局座談會。出席的除了主人家大同編輯部的人員之外，還有《香港日報》、《華僑日報》、《南華日報》、《香島日報》、《東亞晚報》及中央社香港支社。列席"指導"的還有報道部的野原囑托。雖名為時局座談，與會各人都不約而同地避重就輕，躲閃到文化和中日文化交流的題目上。而十多位出席者當中，竟有三分之一沒有發言的。討論了個把鐘頭，相信最肯定而又實際的成果就是大家吃一頓免費的豐富晚餐 —— 在當時確是一樁難得的樂事。

　　由於日本人控制了輿論，很多新聞界人士都轉移重點，多寫一些趣味性的小品文、小說、或醜詆英美殖民地主義而偏離時局的文章，避免受牽累，同時賴以餬口。如果是特級或專欄作家，稿酬每千字約為三至十元軍票。從較緊縮的角度量度，三元也夠一家四口一天的食用了。還有一個值得一提的現象就是一翻開報紙，發覺專醫奇難雜症的廣告最多。戰亂期間，患病的人特多，而江湖郎中亦趁機招徠一番。如果要登廣告，費用就很昂貴。光是大字四個、細字五十個的小廣告，刊登三天要收軍票五元，連續一個月則收三十六元。

那時辦報，難題真多，舉個例：有關國際和中國的新聞，無論其為政治或軍事性的，來源都受到極大的限制。香港佔領地總督部轄下的報道部是報館和新聞機構的頂頭上司。除了市內零星新聞外，所有其他新聞來源都來自報道部。

## 戲院

戰前全港有三十八間戲院，約有過半是專門放映電影的，其餘的是供上演粵劇或間中亦放映電影的。1942年1、2月間，已經有少數的電影院復業了。那時電力供應已經大致恢復，只是申請供電者需要重新付電費按金，因為日人當局控制下的電燈公司聲稱昔日交給舊電燈公司的按金，新公司不認帳，要再繳交，否則不供電。結果為該公司帶來數十萬元的進帳。這是日人對港人壓榨手段之一。不過在那個時代，有近半數的民居，尤其是在古老區域舊式的屋宇，是不用電的。

日人當局的政策也是鼓勵電影院盡早復業，使市民多一個去處可打發時間，不致和當局搞對抗。當日的電影，全部都是黑白片。復業後放映的電影，都是和政治、軍事、戰爭、愛國沾不上邊的題材，與當時世局無關宏旨的。報道部的電影班還會按時供應給電影院一些宣傳大東亞聖戰和做了手腳的"紀錄片"。稍後，日人又拍了一部戰爭的宣傳片名叫《香港攻略戰》，主題是表彰日軍的智謀和英勇，使防守香港的英軍敗下陣來。該影片中還用了一些香港的演員來襯托情節，聘了電影女星紫羅蓮做女主角。

到 1942 年中，已復業的戲院有十多間，包括了娛樂、利舞台、平安、東方、大華等。6月初，報道部發出了通告，所有影畫、演劇須事先送報道部檢查，發給許可證後才可以上映或演出。

又再多捱半年，復業的戲院也多了些。在此期間戲院商組織起來，影片製作和發行商也聯結起來，日本的影片發行者都跑到香港來做些推廣的功夫。報道部的電影班（管理處）也組成了"影畫檢閱所"（相當於原港英政府的電影檢查處），以檢查所有在港上影的電影，其實主要是禁止一切有反日思想、醜詆日本、讚揚英美或支持重慶政府的電影。因為戰亂的原故，香港的影片來源短缺，日本當局趁機配給影片，一可以控制影片的性質，二可以從中獲利。為此日本的"社團法人影畫配給社"及"中華影畫株式會社"都在港設立支社，取代了以前"香港電影協會"的地位，有報道部做靠山，操縱了本地的影片市場。在香港，戲院東主的組織新名叫"香九戲院組合"，召集人是娛樂戲院的梁基肇；製片人的組織新名叫"廣東諸影畫所有者組合"，召集人是原在上海、香港和新加坡頗有名氣的製片商邵邨人。

雖名為配給社，其實是影片的控制及檢查機構。1943年新年過後不久，日人的影畫配給社就完全露出了真面目。它有權查核所有影片之存貯及登記現存或行將運到的影片。影片商須到該社調查課重新登記，用指定的格式表填報，就可享受配給權利，並得合法保障。如在指定期限（從 2 月 17 日至 2 月 28 日）外仍存有未經登記的影片，一經查出，有關當局即予嚴究。

影畫配給社影片的方針，不問可知都是極富政治性的：以發揚原有之東洋精神為原則，介紹日華兩國影片、時事、新聞、日本文化和表演精彩、"意識正確"的國、粵片。

同時，在報道部影畫檢閱所的指導下，各組合開了聯席會議，並決定影片上映系統和票價，把當時營業的二十八間電影院分做五級，即首輪依次至五輪，票價就由最高的四十五錢至最低的十錢。時局雖然艱難，看電影以消遣苦悶的人也不少。電影院因為一般成本不高，也勉強可以維持營業。

至於劇院，當局亦明文准許院方自由僱請粵劇（俗稱大戲）戲班演出，但劇情曲詞等就需要送到報道部審批。當時專門上演粵劇的戲院，倍感困難，因為很多伶人基於愛國情操和不想被敵人利用，在 1942 年裏紛紛隨大隊歸鄉，跑到自由區去繼續演出，或在中國內地未淪陷城鎮組織巡迴劇團（過山班、落鄉班）宣傳抗日。

日軍攻陷香港後，京劇名伶梅蘭芳和影后胡蝶剛巧在港。日人自然游說他們參加演出以助宣傳。梅蘭芳索性蓄了短髭，以示不能再在舞台亮相，而且京劇在港也沒有很大的市場。不久梅蘭芳也回到上海去，只是杜門不出，不再踏上舞台。胡蝶也對拍片的提議一一婉拒了，不過日人很崇拜她，彼此的關係勉強可算是融洽的，因此外面謠言四起，說她投靠日人云云。

## 歌壇

　　因為伶影都不很發達，反而旺了歌壇。歌壇這種娛樂
方式，在戰前已有，俗稱"唱女伶"，全由女歌手上陣，
只清唱粵曲，不演戲，地點通常在大型的茶樓。這班女歌
手在二三十年代來往省港之間，風靡一時。茶客一面品茗
一面欣賞粵曲，而且消費低廉，亦一樂事。淪陷時期，中
區的大型茶樓如蓮香、高陞等的歌壇很旺。不過在歌壇
唱歌，亦會惹禍。1942 年底有一天，很有名氣的歌伶李
少芳唱了一闋"光榮何價"，本來是取材自忠義的歷史人
物，但好事者傳了消息給憲兵部，說那首歌曲含"反日意
識"。結果，李少芳和茶樓及歌壇的主持人龍耀偉因莫須
有罪名遭憲兵鞫訊之後，李少芳和她尚在襁褓的孩子被囚
禁多月，檢到的曲詞數千張全數銷毀。此後，當局發了通
告，明令歌壇的主事者與唱曲人，須先將曲本審慎考慮，
而且吩咐今後曲本意義，宜以"保衛東亞"為撰作之原
則，曲文須先送交各該地區的憲兵隊檢查。

# 廣播

　　香港佔領地總督部於 1942 年 2 月底成立的時候，日方當局即設立“放送局”，用以管制香港廣播電台。播音時間大致從上午八時起至晚上十時三十分，但中段有兩節頗長的休息時間，節目一般以晚上較豐富。下列是一天播音的標準時間：

|  |  |
| --- | --- |
| 8：00 | 體操音樂 |
| 8：30 | 休息 |
| 12：00 | 粵樂 |
| | 國語新聞 |
| | 時代曲唱片 |
| | 粵語新聞 |
| | 粵曲唱片 |
| 1：30 | 英語新聞 |
| | 洋樂 |
| 2：00 | 休息 |
| 6：30 | 粵樂 |
| | 兒童節目 |
| 7：00 | 國語新聞 |
| | 粵語新聞 |
| | 粵樂 |
| | 日文課本 |
| 8：00 | 京曲唱片 |
| | 講故事（多年來由講故事專家方榮主講） |

| | | |
|---|---|---|
| 9：00 | 國語新聞 | |
| | 粵語新聞 | |
| | 印度新聞　印度唱片 | |
| 10：00 | 英語新聞 | |
| | 洋樂唱片 | |
| 10：30 | 休息 | |

表面上日人是反對吸鴉片的，因此在 1943 年初慶祝放送局成立一週年的時候，招待了各界並在電台播出了反吸鴉片的宣傳廣播劇《新生》，隨後又播出《林則徐》。這些都是以反吸鴉片為題材，從而挑起華人對英國的仇恨。

## 賽馬

賽馬不是普通老百姓的玩意，但日人對這項活動很積極。英人治理香港的時期，賽馬象徵社會昇平；故日人佔領香港後，即急急恢復賽馬，至跑馬地的電車路，亦迅速加以修復，利便來往馬場的交通；同期很多段的電車路還要多等幾個月才可修復完畢。

日人將原名賽馬會改名為"競馬會"，4 月成立，賽馬場仍在跑馬地，一切照舊，而競馬會的辦事處仍舊在中區交易行（原址位於現置地廣場中段向電車路的部分）二樓。第一次賽馬在 4 月 25 日舉行，以後在馬季內約隔兩星期舉行一次，通常都是選星期六，但有時會在星期日舉行。如在星期六作賽，就會在下午一時半鳴鐘，二時開賽；如在星期日，十二時半鳴鐘，一時開賽。有關賽馬消息，賽馬前後報章亦有刊登評述、預測和結果。每次賽十一場左右，有各項錦標的名堂，如讓賽、華商會杯賽等，但是以英國名稱為名的錦標則全沒有了。馬匹多來自澳洲。

入場票方面，如進入會員席的（會員免費，且可介紹朋友預購入場票）收費二元軍票，公眾席則收五十錢。1943 年 1 月 1 日起，因徵收娛樂稅關係，公眾席入場費增為六十錢。在場內投注買獨贏或位置馬票，每張二元五十錢，搖彩票則賣五十錢。1943 年 1 月起分別倍加為五元和一元。每季大賽馬，都有馬票在場外各指定地點售給居民。舉例來說，1942 年的秋季大馬票銷了十二萬張，中頭獎的可得軍票近三萬元。競馬會還多多少少的保持了對慈善團體和教育機構的不定期補助，算是名義上盡了社會責任。

# 體育

日人在香港佔領地的主要工作是統治而不是管理，故對港人的正當體育運動不聞不問。在日人的康樂體育設施方面，於 1942 年中即大興土木，修建原木球場為日本人俱樂部，專供高級官員和商賈使用。竣工之時，總督依次的各官僚還極具鋪張之能事，慶祝一番。

由香港陷落的日子一直至 1942 年 7 月間，各式各類的公、私汽車數以千輛都棄置在加路連山球場。因日人早晚要將掠奪回來的汽車運走，據為己有；同時又假意要騰出一些空地，給居民作體育活動，故亦急忙把壞車、舊車搬走，開放了加路連山球場給居民使用。

日人也頗喜愛游泳，因此在 1942 年 7 月間宣佈開放港島南邊由石澳以至深水灣一帶的海灘，及新界西部由青山以至十一咪半的海灘，給居民游泳。認為安全的泳灘，都豎立標誌。

在中環必列者士街的青年會泳池也在 1942 年 7 月開放。主辦者事先舉辦徵募會友運動。為隆重其事，先在大華飯店（舊華人行九樓，直至 70 年代拆卸之時，仍是很具規模和氣派的酒家之一）安排餐會，招待了香港地區事務所松葉所長和民治部文教課長尾課長。有室內泳池習泳，當時算是很難得的了。開放時間是上午十時至下午八時，入場費為軍票十錢。入場的會友，需要拿青年會指定醫生的驗身證書。發證費亦需五十錢。

## 吸煙和打麻將

　　淪陷期間生活苦悶，很多人都變了"煙民"。只要負擔得起，也一枝在手，聊以消閒，麻醉一下，掃除抑鬱之氣。到了 1942 年中，香煙也有配給。煙民一星期裏有一次或兩次可排隊買煙。香煙分上、中和下三類價。上中價煙都為洋煙，奇怪的是日人沒有杜絕市場，反而鼓勵轉運入口。上價煙有"百利"（Pall Mall）、（二十枝裝）、"高夫力"（Goldflake）（十枝裝）、"絞盤"又名"唸士頓"（Capstan）（十枝裝）等，公價每包六十至七十錢。"老刀"又名"派律"（Pirate）（二十枝裝）是中價煙，公價每包二十五錢。下價煙有"紅錫包"（十枝裝）、"紅金龍"（十二枝裝）、"黃金龍"（十枝裝）等，公價每包二十錢。到了 1942 年底，中下價煙配給暫停及基於來源斷絕，黑市又見活躍。除了香煙之外，還有熟煙。熟煙質素雖低，但價錢較便宜，而且很儉用。黑市的熟煙價錢高達一元一兩。一般公價為二十錢一兩。到了 1943 年初，香煙來源稀疏，結果又一一加價。但是，誰也沒想到，薄如蟬翼的捲煙絲香煙，還可以內藏訊息，抗日志士有時以此方法秘密傳訊，神不知鬼不覺；而戰前的天文台副手則曾利用煙仔盒和手煙的包裝紙，在集中營把每天天氣變化紀錄下來。

對某些人來說，消磨時間的良方是打麻將。淪陷時期，上街隨時會遇到危險，倒不如呆在家裏。故此很多主婦閒來無事便聚在家裏攻打"四方城"。有的在打牌時還一手抱着嬰兒。絕大部分的兒童都失學，有一些受了媽媽的影響，也在家打起麻將來。

## 娼妓、鴉片和賭博

在淪陷的香港，如果領了許可證，經營妓寨不算違法。按日人的規定，妓寨一定要在指定的娛樂區（慰安區）裏經營。下文將細述娛樂區裏的活動。

日人素來標榜廢除英美帶進中國來的壞積習，故表面上嚴令禁止運輸和吸食鴉片。一說總督磯谷廉介也參與鴉片的轉運和販賣。這不無可能，因他在華日久，熟知中國國情，而且和原渝系和當時得令的汪系高層人士勾結。

有一家公司經常很慷慨向公眾捐款，民治部也不斷鼓勵它的捐款活動。它就是"裕禎公司"，有日人的特准專賣鴉片。這是公開的秘密。它先後最少有三次捐款給慈善事業，第一次在 1943 年 12 月捐了軍票一萬元，1944 年初捐了二萬元，1945 年 5 月又再捐二萬元。

雖然有鴉片在半公開的情況下出售，但鑑於來源短缺，存量稀少，以致價格高不可攀，數以千百計的煙民感到很痛苦。東華三院因此在 1943 年起開設了兩所戒煙病房，每所可容四十人，戒煙者須入住兩周。當時許多人不知道，經常作慈善捐款的裕禎竟會和東華三院在骨子裏打對台戲。

日人雖明令禁止賭博，但其實香港淪陷的日子裏，有賭博場所存在。早在日軍入城的時候，已有若干賭館半公開地經營，取名為"榮生公司"、"兩利公司"等。它們是倚仗有力人士撐腰，而且有必要和日方的權威人士攤分利潤。當時的香港賄賂公行，掌權人士均唯利是視，加上手下的憲兵、憲查、密偵等為虎作倀，賭博是永遠無法根除的。

## 娛樂區

日人在 1942 年初直至 10 月強迫設立 "慰安區"（娛樂區、紅燈區）。

當年 10 月，在港九各圈定了兩個娛樂區。在港島為石塘咀（華人）和春園街（日人）。在九龍為山林道近天文台處（日人）和長沙灣南昌街一帶（華人）。第一步是除了在該區開設商店及飲食店而經申請批准外，勒令所有居民遷出。在舊居民搬走後、新的娛樂場所未搬進前，這些地區很凋零荒涼。為了突出娛樂區內的特權，當局限令在 1942 年 10 月 31 日之前，所有娼寮、導遊社、按摩院等須搬進區內，遵照手續申請營業執照。一般商店及飲食店等亦可自由遷入。有問題的可詢問地區憲兵隊。同時又明令在 11 月 1 日後禁絕私娼，在娛樂區以外的，當局決取締秘密賣淫或作秘密賣淫之媒介。規條指出導遊女、私娼想加入娛樂區內營業的，須先經當局指定的醫生檢驗，證明沒有患性病的才可以照准。當時發表官方言論最多的是憲兵隊長野間賢之助。華民代表會和華民各界協議會由始至終覺得事情很尷尬，處理比較低調，但官方向居民宣稱兩華會已負責計劃及貢獻意見，以備當局參考。

因為明令禁絕在娛樂區外營業的私娼，限期一到，原本在荷李活道、歌賦街一帶的娼寮迫得偃旗息鼓。在石塘咀的娛樂區，上等娼寨多聚在山道介乎電車路和大道西（西明治通）一段；中、下級的就聚在晋成街、日富街、和合街一帶；導遊社則多在遇安台和南里。

關於收費方面，雖然沒有硬性標準，一等妓女陪酒一局收軍票一元，大局收十元；三等的一局收五十錢，大局收四、五元。嚮導、伴遊、伴談、伴舞的每小時收一至二元，出鐘另計。

1943年初，在石塘咀經營的導遊社過百家，妓院亦約有六十家，女子人數約六七百人。通常導遊社每家人數最少約二至三名；三等妓院每家約有五、六名女子；一等妓院則每家約有十名八名女子。

其實在1942年中，九龍深水埗區南昌街一帶的有男茶樓那裏、一連九間四層高的店舖已經是熱鬧的夜生活區了。那裏除了地下商場之外，有酒家、浴室、理髮店和娛樂場所。夜間電燈通明，麻將猜拳、鶯燕浪語之聲不絕。

淪陷時期的香港銷金窩，只是一種假象，因事事受到日人的拑制，比起戰前的繁榮景象，有很多不及之處，而娛樂區內的女子，在戰亂之中，吸引力也大不如前。有一位長駐銷金窩的騷人墨客，看到當時情景，便寫了這麼一副充滿愁緒的對聯：

聽當時急管繁絃魂銷幾許

覩此日殘脂賸粉悵觸何如

# 第十三章

## 重佔的部署

## 香港的歸屬

英美雖然是盟友，但在 1942 年及 1943 年中，美國的想法卻是在大戰結束時，盟國在遠東的帝國主義和殖民地應同時終止。在這個設想下，香港自然是回歸中國的了。蔣介石方面對日抗戰達四年半之久，私底下對英、美不無怨恨，為的是英、美總認為歐洲才是大戰場，中國抗日只是小巫見大巫而已。幾年前重慶政府提議聯同防衛香港的計劃，英國政府置諸不理。英國在香港的喜與憂，亦不想中國分一杯羹。這是明顯不過的。等到珍珠港事件發生，蔣介石自是心頭涼快，看着兩個大國被迫捲入這場亞洲的大戰。這時美國才真正領略到抗日的艱難。

太平洋戰爭一開始，中國即向英美舉債。美國在 1942 年初答允貸款五億美元。中國擬向英國借一億英鎊。惟因英國財力有限，西方戰場形勢已經吃緊，軍用物資方面又多仰給於美國，故遲遲未肯貸款，遲至 1944 年，貸款才有着落，其數亦不過幾千萬英鎊，但附帶條件很多。

東方戰幔既啓，中國自動躋身於大國之列。美國曾對中國內部國共合作及國民黨開放政權，寄予希望。在英國心目中，香港始終是其殖民地；日佔期間，日人只是暫時取代英人；戰爭結束後，英人是將會重臨舊地的。

儘管美國希望藉着大戰調整英國在遠東殖民地的立

場，而中國亦銳意消除喪權辱國的不平等條約及治外法權，英人對戰後保持遠東殖民地的原狀是鍥而不捨的。邱吉爾的立場尤其強硬，1943 年底他在倫敦告訴美國特使，說香港的治權無疑是始終歸英國的。羅斯福總統雖然是反對帝國主義和殖民地主義的中堅分子，卻不很執着於美國在遠東的非殖民地政策，亦不想過分刺激作為盟友的英國，遂對香港問題不置可否。（1943 年 11 月開羅會議休會時，羅斯福趁機問及邱吉爾香港回歸中國這一個問題，邱吉爾竟拒絕討論。）國務卿赫爾（Cordell Hull）於 1944 年尾辭職，又少了一個關心香港前途的主將。香港於戰後歸還中國這個問題，竟無人在國際會議上正式提出。

　　1944 年尾和 1945 年初，德國在歐洲敗象已呈，英國更加趾高氣揚，不斷誇耀自己在盟國內的戰功，任何非帝國主義、非殖民地主義的言論都聽不進耳；同時在本土和美國製造大量輿論，來認同英國一貫的主張。羅斯福對重慶政府轉趨冷淡，一方面擔憂國共分裂之局，一方面又不值重慶政府的所為。美國駐華最高顧問史迪威將軍也遭撤換。英國在戰後收回香港，在形勢上看已成定局。

　　自從歐洲戰爭在 1939 年 9 月展開後，盟軍在歐洲及其他地區的領土，給軸心國攻佔的很多；相反地，軸心國的領土或屬地，給盟軍佔領的為數甚少。儘管如此，英國在 1941 年中佔領敵國在非洲的屬土，也有相當。鑑於接收敵人領土及在當地實施管理，並非國防部（War Office）所能單獨處理。因其牽涉範圍很廣，須有跨部組織予以統籌。故英國在 1941 年初即成立敵國領土進佔行政處 O.E.T.A.（Occupied Enemy Territory Admin-istration），初時由 War Office 統理。

## 英國的準備

在英國政府來說，香港的地位因"七七"抗戰之後有了新的取向。在此之前，主管香港行政事務的是殖民地部（Colonial Office）。中日戰爭既展開，英國就要極力謀求確保這個從中國攫取得來的海外殖民地中立。這是外交部（Foreign Office）的主要課題。

等到香港陷在日人手裏了，殖民地部內的香港科簡直無事可做。不過外交部卻加倍忙碌，因為英國的基本國策是使香港得以在戰後重投英國的懷抱。英國的政壇領袖在國際間折衷樽俎，其中就包括了上述這件事。

大戰正酣的時候，英政府即籌設"重佔計劃委員會"，準備一旦日人戰敗，該委員會屬下機構可以第一時間接收香港及其他地區。在遠東方面，先於 1943 年初在印度總部新德里成立重佔緬甸的委員會。有關香港方面，要等到同年 10 月末在殖民地部下設立“香港計劃小組”（Hong Kong Planning Group）。原香港政府高官麥道高（D.M. MacDougall）就任香港計劃小組組長之後，殖民地部香港科的工作又再度活躍起來，為的是預料要在戰後馬上接收一個滿目瘡痍、百廢待舉的國際城市。

該小組早期成員只有九名。1944 年 9 月，麥道高受任為首席計劃主任，為候任的香港首席民政官。小組編制隨即增加至二十八人，工作方針以下列主題為本：行政、華人政策、警務、監獄、入境管制、勞工、社會福利、醫務衛生、毒品鴉片、郵電服務、財政、金融及貨幣。

1945 年初，計劃小組的工作進入了積極階段。有關人士大都不能預料將會以何形式重佔香港。大概的設想是：倘盟軍在日軍負隅頑抗的情況下收復香港，計劃小組須尾隨作戰部隊之後，火速進入香港。惟當時殖民地部秉承外交部的首要主導原則，這就是盡一切可能，先拔頭籌，不讓中國軍隊先於英美部隊接收香港。

1945 年 5 月，計劃小組員額已增至三十八名官員，包括正、副民政官各一，以八個部門分工：秘書處、工務、物資供應、法律、財政、福利、警務及工商。

# 重佔行動

原子彈迫使日本裕仁天皇廣播"停戰詔書",向全世界宣佈日本無條件投降。突如其來的停戰決定令計劃小組手足無措。有部分計劃還未訂好便迫得馬上付諸實行。

英國在遠東作戰最高統帥為蒙巴頓勳爵。鑑於日本投降是早晚間事,總參謀部即於 8 月 13 日送出指令,其中若干條是有關香港的:

英國須於香港受降,此事必須切切執行。

英國須於香港重新駐軍。接收香港行動將由英太平洋艦隊執行。

指令發出的同一時間,英國駐渝大使向中國政府宣稱英國將在香港接受日本投降,及恢復英國統治。當時國府大加反對,理由是此舉有違盟國給予盟軍太平洋區最高統帥麥克阿瑟的指令。該指令授權麥帥在太平洋及中國戰區的邊沿地帶,包括台灣、支那半島等地,接受日軍投降。理論上香港不在蒙帥受降戰區之內。

如果日軍真的頑抗到底,英國早已部署的香港臨時軍政府行政人員勢必尾隨中國或美國部隊之後,用武力進佔香港,但此舉必須得中國和美國雙方同意,預料成事會很難,因香港及廣東沿海屬華南戰區,而蔣介石是中國戰區最高統帥。

可是，日本的突然投降為英國解決了一個大難題。只要中國部隊不立即進駐香港，英國的太平洋艦隊就可以兼程來港接收。1945 年 4 月羅斯福逝世，其繼任人杜魯門也同意此安排，並命令遠東最高統帥麥克阿瑟予以協助，不過聲明同意英國接收香港並不代表美國對香港主權的看法，而是只作權宜之計。

蔣介石雖借重美援，但身為中國戰區最高統帥卻不能授權麾下大員在香港接受日人投降，而需要眼看英國代表受降，確是不能忍受的侮辱。幾經磋商，渝方終於在 8 月 27 日同意英國代表可獲中英兩國政府授權在香港接受日人投降。為此，在接受日軍將領投降及重佔閱兵等各項儀式中，總見中英兩國國旗雙雙飄揚。

# 第十四章

# 從頭收拾舊山河

# 打破樊籠

身在赤柱集中營的前布政司詹遜（Frederick Gimson）
無時不在策劃日人投降後由他重掌香港的政務事宜。在集
中營中也有一批昔日的高官，組成一個影子委員會，希望
早日得再為港府效力。這雖是一廂情願的事，而且他們的
影響力和活動範圍也大受限制。不過到重佔之時，順理成
章他們應可再掌管工作。詹遜仍可透過秘密渠道和倫敦保
持間歇的聯繫。

兩枚原子彈投下後，盟軍預測日本投降在即，英國殖
民地部於 8 月 11 日吩咐英駐重慶大使設法通知詹遜，着
他在日人投降後戰俘一經釋放，應即接掌香港政務，以待
英國的先遣部隊抵達。

日人正式投降後，詹遜不理日人同意與否，隨即於 8
月 19 日離開赤柱集中營，和他的小型班子進駐花園道聖
約翰教堂旁的紅磚大廈（原為法國外方傳道會大樓，現為
終審法院）辦公，根據戰前的組織，設立臨時政府，勒令
日人將香港管理權交出來。英駐華大使的指令亦經過秘密
通傳，在 23 日輾轉到詹遜手裏。他的小班子雖然在部署
一切有關工作，但日人不允將管理權交出，以不知是否應
將香港交回重慶政府為藉口，拖延了一段時日。赤柱的平
民和深水埗等營的戰俘也未獲釋放，不過他們的行動可自

由得多了，而且動輒向日人投訴、批評和抗議；日人也聽任他們，不置可否，但總是按兵不動。日本天皇雖然是下詔投降了，何應欽亦已於 8 月 16 日在南京代表中國戰區最高統帥蔣介石接受日本的投降，可是在香港因為沒有一個正式的部隊來接收，日軍和憲兵始終在境內緊守崗位。總的來說，市內治安不致陷於混亂。

有一樁事是詹遜的臨時影子政府做到的，就是確保日人對公共設施，如水、電、電話、煤氣等，在政權轉換期間不會中斷。同樣重要的，就是詹遜派出一些特遣工作人員與中國地方機構聯繫，確保米糧和其他雜糧由國內供應香港居民的需求。

在赤柱羈禁的有數百英籍警務人員，雖然已是羸弱不堪，仍有部分可勝任過渡時期維持治安的工作。

幾個月前詹遜早經通過秘密渠道向英政府殖民地部提議趕印港幣，以備在重佔時流通。因為日人投降來得突然，比英國官方預料時間早得多，結果新鈔趕不及印製，仍將未發行的軍票使用，上面加蓋 "香港政府壹圓" 的字樣，當作港幣使用。

8 月 27 日英國太平洋艦隊司令夏慤少將接獲上峯命令，從菲律賓蘇碧灣啟行前赴香港重佔殖民地。他旗下有兩艘母艦和十多艘其他艦種。8 月 30 日抵港即獲任命為重佔香港的部隊總司令及軍政府首長，詹遜為副港督。這些都屬暫時性質，亦有待首席民政長官到來開展全面的民政工作。

9月4日，幸好有一批人數達三千人的英國皇家空軍技術員乘坐輪船途經港。他們原來是派往沖繩島一帶地方修建機場的，港府便老實不客氣留住他們，請他們臨時效力及利用他們帶來的設備、工具等，去修復境內一些基本設施。

麥道高在9月7日經印度抵港，同行的隨員有九名。他們隨即在夏愨少將軍政府旗下做民政官員，無形中架空了詹遜作為臨時副港督的地位。這時雙方面的集團都有矛盾和工作利益的衝突，結果英政府下令說詹遜的集團已完成任務，可以功成身退，而且經過三年零八個月的羈禁，理應回國好好的休息了。

## 百劫餘生　亟待救濟

英人重掌香港政權，港幣回復昔日地位，軍票則形同廢紙。香港百分之九十以上的居民轉眼間又變得近乎赤貧。補救辦法是進行長綫而廣泛的社會經濟調整，這決非一朝一夕可達致的。軍政府於是推出了一系列的緊急措施，包括馬上撥款十五萬元施膳給赤貧人士，每天僱用三至四萬非技術工人，清理和清潔街道，使他們可以自供自給。雖然這是較短暫的安排，但實施之後，軍政府亦不容易在短期內推掉這些負擔。

跟初淪陷時一樣，最大的民生問題也是米糧。軍政府在港九各處開設了一些簡陋非常的施膳站，平均每天供應二萬五千名無力舉炊的人的膳食。這個數字雖然沒有增加，不過並沒有迅速下降，而且在整個軍政府時期都持續着。到 1946 年 4 月底，還有二萬多人靠着政府的救濟餐過活。同時軍政府又免費撥給非醫務署（Medical Department）轄下的各慈善機構平均每天二千人的口糧。救濟署（Relief Department）平均每天也要照顧三千名赤貧人士的配給米糧和盟軍食用的配給品，絕大部分都是免費的。

對非華籍人士的救濟，軍政府則統籌了救濟署、救世軍、英國紅十字會和聖約翰救傷隊，開辦了五個救濟中心，照顧各國籍的人士達八百多名。無疑，各中心都朝着一個較長期的目標邁進，將救濟分等級，好使被救濟者早晚能夠自供自給，不須倚賴救濟，並找到居所。

除了照顧飲食之外，在重佔後的第一個農曆新年前後軍政府還從聯合國救濟組織那裏收到三百噸舊衣物，便馬上派發給露宿者禦寒。

英國人重佔香港後，華人不斷從華南及澳門湧進香港，很多都不是原香港居民，故此香港軍政府又要多照顧約一萬人的衣食。

1945 年底，香港的人口估計已回升到一百萬人，而平均每月有十萬人湧進來，這些包括原居民和外來者，因此加重了本地糧食供應的壓力。雖然從外地運來的白米、麵粉、肉食、冷藏食品、罐頭食品和其他副食品等源源而至，光是舊曆年底前的兩個月已達一千噸，但始終都是供不應求。為了達到糧食供求平衡的目標，軍政府實施了幾項政策，如嚴格統制本地的貯糧，鼓勵從華南地區運糧食進口及在本地實施公正和平均的配給制度。邁向第一步，軍政府控制米價於每斤兩角的水平，惟需予以補貼才可達致這樣廉價，其支出每月達十五萬元之鉅。其他副糧食包括麵粉、生油、糖和鹽也在統制之列。不過為了控制價格使與公價看齊，軍政府動用的人力和財力可真不少。

因為香港的原居民和從國內各地來的人流不斷的湧進，香港可供分配的糧食到了 1945 年底有捉襟見肘的現象。由此引起了每人可得的白米配給量按月遞減。起初是每人每天一斤，12 月降為十三兩、1 月再降為六兩四。到 1946 年 1 月底的時候，白米和麵粉同時供應，不過量又再遞減：每人每五天配給白米二斤，麵粉斤半。到 3 月的時候，短缺情況並未有改善，反而更為嚴峻，結果當局決定不再發配給證與新入境的人。在軍政府管治的八個月裏，糧食的供應勉強的過得去，當然比日佔時期好得多了，如果不是因為香港的人口從 1945 年 8 月的六十萬暴漲一倍至 1946 年 4 月的約一百二十萬，香港糧食供應差點可追上戰前的水平。

## 千瘡百孔的民居

　　總的來說，民居毀於十八天戰役炮火中的不多。戰後市區樓房滿目瘡痍，主要是失修、盜竊和拆除裝置所造成的。在日佔時期裏，維修這個名詞幾成絕響。很多空置的樓宇變得頹圮，是長年累月給人潛入盜竊和拆除裝置的結果。很多樓房只得一個骨架和外殼，此外什麼也沒有了。門窗、木器、鐵器給拆掉；牆磚一塊塊的給拆下來；金屬喉管、電綫等給截斷後拿去賣錢；玻璃不用說也早已蕩然無存了。

　　據軍政府的統計，華人民居在戰亂受破壞的約佔百分之十五；可是，西式豪華的居所，尤其是在港島山頂和半山的，被毀的約佔百分之六十，就是因空置而變得荒廢。

　　因為屋少人多，尺土寸金，無家可歸，露宿風餐的大有人在。為了防止業主趁機瘋狂加租，軍政府宣佈所有租金均以 1941 年水平為準，暫時凍結，使居住情況不致惡化。

## 醫療與教育

戰後，香港幸好沒有遭受任何疫症侵襲，否則後果就不堪設想了。醫務衛生當局一直監察着各類型的疾病，使不致演變成為境內健康的大威脅；另一方面便是恢復各醫院、診所的正常運作。在 1946 年初，全港有約二千三百張病床，較 1941 年的 3,600 多張低了三分之一。不過也可算是能夠應付當前急需的了。

戰亂摧毀了所有的官立中小學。中學如皇仁書院、英皇書院、庇利羅士女校等校舍大都支離破碎，重建非一朝一夕可成的，眼巴巴便損失了二三千多學生位置。幸好十五間的補助學校仍可勉強正常運作，收生總額達六千人。此外，有五十二間私立和四間官立學校趕在 1945 年底前復課，增加了 12,000 學生名額。這些數字與日佔時期的二三十家學校及三幾千學生人數比較，已是一大進步了。

1946 年 3 月時，估計適齡的學生應有十二萬，而總數不夠三百家的學校只收容四萬二千學生，失學的兒童仍然是很多的。

　　不過無論如何，日佔時期的苦難終成過去。香港的歷史步入了戰後的新階段。

附錄

## 一、香港人口統計（1941 年 3 月 13-15 日調查；不包括駐軍人數）

| 國籍 | 香港 | 九龍 | 總數 |
|---|---|---|---|
| 中國人 | 697,674 | 568,955（另水上 154,000） | 1,420,629 |
| 英國人 | 5,542 | 2,440 | 7,982 |
| 印度人 | 3,342 | 4,037 | 7,379 |
| 歐洲人（英葡除外） | 663 | 2,272 | 2,935 |
| 葡萄牙人 | 765 | 2,157 | 2,922 |
| 美國人 | 139 | 257 | 369 |
| 其他國籍 | 1,169 | 925 | 2,094 |
| 合計 | 709,294 | 735,043 | 1,444,337 |
| 新界人口約數 | — | — | 195,000 |
| 露宿者約數 | — | — | 20,000 |
| 總數 | — | — | 3,103,647 |

## 二、香港戶數人口調查（1941 年 3 月 13-15 日調查）

| 區別 | 中國人 | | | |
|---|---|---|---|---|
| | 戶數 | 人口 | | |
| | | 男 | 女 | 合計 |
| 香港島 | | | | |
| 中區 | 26,139 | 47,187 | 41,955 | 89,142 |
| 西區 | 12,666 | 23,131 | 19,212 | 42,343 |
| 水城區 | 11,733 | 19,434 | 19,460 | 38,894 |
| 藏前區 | 6,499 | 9,201 | 10,718 | 19,919 |
| 山王區 | 3,047 | 5,283 | 5,440 | 10,723 |
| 東區 | 18,997 | 30,338 | 32,243 | 62,581 |
| 春日區 | 7,917 | 12,825 | 14,795 | 27,620 |
| 青葉區 | 2,011 | 3,457 | 5,176 | 8,633 |
| 銅鑼灣區 | 4,531 | 8,532 | 10,297 | 18,829 |
| 筲箕灣區 | 10,073 | 21,174 | 20,255 | 41,429 |
| 元港區 | 4,310 | 8,863 | 8,895 | 17,758 |
| 赤柱區 | 839 | 1,998 | 2,036 | 4,034 |
| 合計 | 108,762 | 191,423 | 190,482 | 381,905 |

| 九龍 | | | | |
|---|---|---|---|---|
| 鹿島區 | 1,501 | 2,403 | 3,076 | 5,479 |
| 元區 | 9,838 | 17,155 | 19,106 | 36,261 |
| 靑山區 | 26,218 | 45,174 | 46,405 | 91,579 |
| 大角區 | 18,447 | 30,854 | 31,132 | 61,986 |
| 香取區 | 27,781 | 51,373 | 51,285 | 102,658 |
| 湊區 | 3,213 | 5,202 | 5,469 | 10,671 |
| 山下區 | 7,581 | 12,586 | 11,749 | 24,335 |
| 荃灣區 | 3,244 | 5,796 | 5,577 | 11,373 |
| 啟德區 | 2,791 | 6,594 | 6,904 | 13,498 |
| 合計 | 102,734 | 182,301 | 186,360 | 368,661 |
| 新界 | | | | |
| 大埔 | 3,905 | 9,512 | 9,931 | 19,443 |
| 元朗區 | 8,615 | 17,020 | 18,397 | 35,417 |
| 上水區 | 3,052 | 6,327 | 7,003 | 13,330 |
| 沙頭區 | 2,487 | 5,912 | 6,330 | 12,242 |
| 新田區 | 1,447 | 2,604 | 3,092 | 5,696 |
| 西貢區 | 2,120 | 5,164 | 5,657 | 10,821 |
| 沙田區 | 1,210 | 2,605 | 2,920 | 5,525 |
| 合計 | 20,716 | 43,980 | 47,678 | 91,653 |
| 總計 | 232,212 | 417,704 | 424,515 | 842,219 |

| 區別 | 日本人 | | | |
|---|---|---|---|---|
| | 戶數 | 人口 | | |
| | | 男 | 女 | 合計 |
| 香港島 | | | | |
| 中區 | 403 | 603 | 294 | 897 |
| 西區 | 37 | 51 | 16 | 67 |
| 水城區 | 33 | 50 | 20 | 70 |
| 藏前區 | 5 | 6 | 3 | 9 |
| 山王區 | 25 | 29 | 16 | 45 |
| 東區 | 458 | 649 | 566 | 1,215 |
| 春日區 | 140 | 250 | 125 | 375 |
| 靑葉區 | 314 | 423 | 250 | 673 |
| 銅鑼灣區 | 146 | 361 | 95 | 456 |
| 筲箕灣區 | 35 | 164 | 26 | 190 |

| | | | | |
|---|---|---|---|---|
| 元港區 | 37 | 38 | 3 | 41 |
| 赤柱區 | 2 | 2 | 0 | 2 |
| 合計 | 1,635 | 2,626 | 1,414 | 4,040 |

### 九龍

| | | | | |
|---|---|---|---|---|
| 鹿島區 | 158 | 252 | 113 | 365 |
| 元區 | 22 | 42 | 12 | 54 |
| 青山區 | 33 | 68 | 14 | 82 |
| 大角區 | 14 | 19 | 12 | 31 |
| 香取區 | 100 | 135 | 88 | 223 |
| 湊區 | 486 | 818 | 514 | 1,332 |
| 山下區 | 15 | 139 | 22 | 161 |
| 荃灣區 | 5 | 7 | 7 | 14 |
| 啟德區 | 1 | 4 | 0 | 4 |
| 合計 | 834 | 1,484 | 782 | 2,266 |

### 新界

| | | | | |
|---|---|---|---|---|
| 大埔 | 10 | 10 | 0 | 10 |
| 元朗區 | 1 | 1 | 0 | 1 |
| 上水區 | 5 | 10 | 2 | 12 |
| 沙頭區 | 13 | 13 | 0 | 13 |
| 新田區 | 3 | 3 | 0 | 3 |
| 西貢區 | 0 | 0 | 0 | 0 |
| 沙田區 | 1 | 1 | 1 | 2 |
| 合計 | 33 | 38 | 3 | 41 |
| 總計 | 2,502 | 4,148 | 2,199 | 6,347 |

日佔時期的香港

| 區別 | 外國人 | | | |
|---|---|---|---|---|
| | 戶數 | 人口 | | |
| | | 男 | 女 | 合計 |
| 香港島 | | | | |
| 中區 | 588 | 728 | 474 | 1,202 |
| 西區 | 19 | 21 | 7 | 28 |
| 水城區 | 108 | 133 | 109 | 242 |

| | | | |
|---|---|---|---|
| 藏前區 | 85 | 112 | 60 | 172 |
| 山王區 | 30 | 37 | 25 | 62 |
| 東區 | 451 | 488 | 163 | 651 |
| 春日區 | 128 | 207 | 178 | 385 |
| 青葉區 | 78 | 249 | 396 | 645 |
| 銅鑼灣區 | 147 | 177 | 178 | 355 |
| 筲箕灣區 | 151 | 159 | 36 | 195 |
| 元港區 | 29 | 46 | 5 | 51 |
| 赤柱區 | 143 | 159 | 45 | 204 |
| 合計 | 1,957 | 2,516 | 1,676 | 4,192 |
| 九龍 | | | | |
| 鹿島區 | 185 | 237 | 219 | 456 |
| 元區 | 94 | 127 | 26 | 153 |
| 青山區 | 176 | 223 | 128 | 351 |
| 大角區 | 83 | 104 | 108 | 212 |
| 香取區 | 288 | 354 | 229 | 583 |
| 湊區 | 402 | 592 | 411 | 1,003 |
| 山下區 | 137 | 173 | 23 | 196 |
| 荃灣區 | 33 | 34 | 0 | 34 |
| 啓德區 | 24 | 7 | 19 | 26 |
| 合計 | 1,422 | 1,851 | 1,163 | 3,014 |
| 新界 | | | | |
| 大埔區 | 18 | 15 | 9 | 24 |
| 元朗區 | 34 | 38 | 1 | 39 |
| 上水區 | 3 | 3 | 4 | 7 |
| 沙頭區 | 21 | 22 | 0 | 22 |
| 新田區 | 2 | 0 | 4 | 4 |
| 西貢區 | 0 | 0 | 0 | 0 |
| 沙田區 | 5 | 16 | 4 | 20 |
| 合計 | 83 | 94 | 22 | 116 |
| 總計 | 3,462 | 4,461 | 2,861 | 7,322 |

# 三、香港淪陷後第一次人口調查統計（1942 年 9 月 18 日）

## 表 1：各區人口統計

| | |
|---|---|
| 香港島 | 457,269 |
| 九龍 | 419,088 |
| 新界 | 103,356 |
| 水上居民 | 19,299 |
| 合計 | **980,073\*** |
| 啟德區 | 12,000 |
| 梅窩 | 700 |
| 長洲 | 20,000 |
| 大澳 | 8,000 |
| 坪洲 | 2,000 |
| 合計 | **42,700** |
| 總計（約） | **1,022,773** |

\* 這個統計不包括啟德區及離島測估人數

## 表 2：國籍分類統計

| 中國人 | |
|---|---|
| 男：492,748 | 970,380 |
| 女：477,632 | |
| 日本人（不包括部隊） | 2,348 |
| 外國人 | 7,345 |
| 合計 | **980,073\*** |

\* 這個統計不包括離島等地區的中國居民約 42,700 人

## 四、香港善後處理委員會名單

主席：羅旭龢

副主席：周壽臣

常務委員：羅旭龢　周壽臣　劉鐵誠　羅文錦　譚雅士

委員：李子方　李冠春　李忠甫　董仲偉　王德光　王通明


## 五、香港華民代表會名單

主席：

羅旭龢

（原香港英政府首席華人代表、旭和行東主、華人置業公司董事）

委員：

劉鐵誠（交通銀行經理）

李子方（原香港政府立法局議員、東亞銀行董事）

陳廉伯（復興煉油公司總監督）

## 六、香港華民各界協議會名單

主席：周壽臣（東亞銀行董事長、中華百貨公司董事長）

副主席：李冠春（和發成公司東主）

會員：

董仲偉（華商總會主席、錢莊公會主席、道亨銀號東主）

葉蘭泉（中華廠商聯合會主席、孔聖堂司理）

伍華（建築商會永遠顧問、必打行主席、生泰建築公司總經理）

羅文錦（律師）

鄺啟東（《南華日報》社長、南京汪偽政府宣傳部委員）

譚雅士（律師）

王德光（華民代表會事務局主事＝秘書長）

馮子英（東華三院主席［1941/42 年度］）

鄧肇堅（鄧天福銀號經理、中華汽車公司副主席）

章叔淳（上海商會會長）

林建寅（港九勞工總會會長）

凌康發（港九總工會會長、茶居工業總會主席）

李就（港九華洋雜貨商販會會長）

李忠甫（東華三院主席［1943 年度］）

陸靄雲（南華體育會會長、建東公司東主）

郭贊（華育總會副會長、法國銀行華經理）

周耀年（建築師）

王通明（通明醫院院長）

顏成坤（中華汽車公司主席）

黃燕清（1943 年 2 月 28 日起）（光華中學校長、中小學校會
　　　　主任秘書）

## 七、香港佔領地總督部組織名單

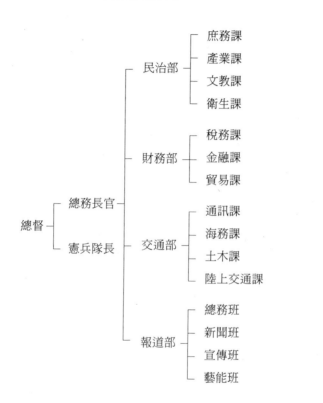

## 八、香港佔領地總督部區制

（茲制定香港佔領地總督部區制如左‧昭和十七年七月二十日）

　　　　　　　　　　　　　　　　　總督磯谷廉介

　　第一條　區根據香港佔領地總督（以下簡稱總督）所發佈之命令辦理屬於區之事務

第二條　區之名稱及區域由總督另定之關於區之廢置分合及區域之變更亦同

第三條　區設區長副區長各一人及區吏員若干人

區長及副區長由總督任免之

區吏員由區長任免之

第四條　區長統轄區之事務為區之代表

副區長輔佐區長區長有事故時則代理其職務

區長副區長均有事故時則首席區吏員代理其職務

區吏員承上司之指揮監督從事庶務

第五條　為應區長之諮詢起見每區設區會

區會以區長及區會員組織之

區會員之數額以一區五名至十名之範圍內另定之

區會以區長為議長

第六條　區長應以關於區之歲出入預算及區內住民權利義務之重要事項諮詢區會

第七條　區會員由該區地區事務所長就區內有住所者中任命之區會員為名譽職

區會任期二年但補缺區會員之任期則以其前任者所餘之期間為任期

第八條　區會員如不稱職時該地區事務所長受總督之認可得予解任

第九條　區內住民有分擔處理區事務所必要之費用及根據總督命令屬於區所負擔之費用之義務

第十條　區徵收區費手續費及夫役現品賦課時應得總督之認可

第十一條　區調製會計年度歲出入預算應得總督之認可區之會計年度根據國之會計年度

附則

本令由公佈之日起實行

*原文為直排，故用"如左"。

## 九、區域新名

### 港島

| 原名 | 新名 | 原名 | 新名 |
|---|---|---|---|
| 1. 中環 | 中區 | 7. 鵝頸 | 春日區 |
| 2. 上環 | 西區 | 8. 跑馬地 | 青葉區 |
| 3. 西營盤 | 水城區 | 9. 銅鑼灣 | 銅鑼灣區 |
| 4. 西環 | 山王區 | 10. 筲箕灣 | 筲箕灣區 |
| 5. 屈地街及半山區西部 | 藏前區 | 11. 香港仔 | 元港區 |
| 6. 灣仔 | 東區 | 12. 赤柱<br>石澳 | 赤柱區 |

### 九龍

| 原名 | 新名 | 原名 | 新名 |
|---|---|---|---|
| 1. 九龍塘 | 鹿島區 | 6. 尖沙咀 | 湊區 |
| 2. 九龍城 | 元區 | 7. 紅磡 | 山下區 |
| 3. 深水埗 | 青山區 | 8. 荃灣 | 荃灣區 |
| 4. 旺角 | 大角區 | 9. 東九龍 | 啟德區 |
| 5. 油蔴地 | 香取區 | | |

### 新界 *

| |
|---|
| 1. 大埔區 |
| 2. 元朗區 |
| 3. 沙田區 |
| 4. 沙頭區 |
| 5. 新田區 |
| 6. 西貢區 |
| 7. 上水區 |

* 新界區全用舊名

## 十、各區所名稱及區長姓名表

| 地區 | 區所名稱 | 區長姓名 | 區會員的數額 |
|---|---|---|---|
| 香港 | 中區 | 冼秉熹（後為陳季博） | 10 |
| | 西區（上環） | 郡蔚明 | 8 |
| | 水城區（西營盤） | 李啟新 | 8 |
| | 藏前區（石塘咀） | 孫廣權 | 8 |
| | 山王區（西環） | 簡文 | 6 |
| | 東區（灣仔） | 何日洳 | 10 |
| | 春日區（鵝頸） | 何德光 | 8 |
| | 青葉區（跑馬地） | 吳文澤 | 6 |
| | 銅鑼灣區 | 郭顯宏 | 6 |
| | 筲箕灣區 | 曾壽超 | 8 |
| | 元港區（香港仔） | 溫少甫 | 6 |
| | 赤柱區 | 李頌清 | 6 |
| 九龍 | 元區（九龍城） | 黃揭友 | 10 |
| | 青山區（深水埗） | 黃伯芹 | 10 |
| | 大角區（旺角） | 曾榕 | 10 |
| | 香取區（油麻地） | 馬浩 | 10 |
| | 湊區（尖沙咀） | 梁繼 | 6 |
| | 山下區（紅磡） | 李壽三 | 6 |
| | 鹿島區（九龍塘） | 關心焉 | 6 |
| | 荃灣區 | 陳慶堂 | 6 |
| | 啟德區 | | 6 |
| 新界 | 大埔區 | 陳國雄 | 6 |
| | 元朗區 | 蔡寶田 | 6 |
| | 沙田區 | 陳達仁 | 6 |
| | 沙頭區 | 溫二 | 6 |
| | 新田區 | 文展程 | 6 |
| | 西貢區 | 許美南 | 6 |
| | 上水區 | | 5 |

# 十一、華人代表會晤佔領地總督例會上提出的主要問題分類表

| 年份 | 日期 | 米糧 | 救濟 | 燃料 | 貨倉存貨 | 治安 | 物價 | 居住 | 歸鄉 | 慰安區 | 貨幣 | 水電 | 稅收 | 登記 | 教育 | 防衛 | 機場擴建 | 每次討論主題數目 |
|---|---|---|---|---|---|---|---|---|---|---|---|---|---|---|---|---|---|---|
| 1942年（共15次） | 5.19 | V | V | | | V | V | | | | V | V | | | | | | 6 |
| | 6.2 | | | | | | | V | | | V | | | | | | | 2 |
| | 6.16 | | | | | | | | | | V | | | V | | | V | 3 |
| | 7.7 | V | | V | V | | | | | | | | | | | | V | 4 |
| | 7.21 | | | V | | | | | | | | | | | | | | 1 |
| | 8.4 | V | | | | | V | V | | | | V | V | | | | | 5 |
| | 8.18 | | | | | | V | | V | | | | | | | | | 2 |
| | 9.1 | | V | | | | | | | V | | | | | | | | 2 |
| | 9.15 | | V | | | | | | | V | | | | | | | | 2 |
| | 10.6 | V | V | | | | | | | V | | | | | | | | 3 |
| | 10.2 | | V | | | | | V | | V | | | | | | | | 3 |
| | 11.4 | | | | | | | | | | | | | | | V | | 1 |
| | 11.17 | | | V | | | | V | | | | | | | | | | 2 |
| | 12.1 | | V | V | | | | | | | | | | | | | | 2 |
| | 12.22 | | V | | | | | | | | | | | | V | | | 2 |
| 1943年（共20次） | 1.12 | | | V | | | V | | | | | | | | | | | 2 |
| | 1.26 | | | | | | | | | | | | | | | | | 0 |
| | 2.16 | V | | | | | | | V | | | | | | | | | 2 |
| | 2.27 | | | V | | | | | | | | | | | | | | 1 |
| | 3.15 | V | | | | | | | | | | | | | | | | 1 |
| | 4.5 | | | | | | | | | | | | | | | | | 0 |
| | 4.19 | | | | | | | | | | | | | V | | | | 1 |
| | 5.4 | V | V | | | V | | | | | | | | | | | | 3 |
| | 5.18 | | | | | | | | | | | | | | | | | 0 |
| | 6.1 | | | | | | V | | | | | | | | | | | 1 |
| | 6.26 | | V | V | | | | | | | | | | | | | | 2 |
| | 7.2 | | | | | | | | | | | | | | V | | | 1 |
| | 8.3 | | | | | V | | | | | | | | | | | | 1 |
| | 8.17 | | | | | | | | V | | | | | | | | | 1 |
| | 9.6 | | V | | | | | | | | | | | | | | | 1 |
| | 9.2 | | | V | | | | | | | | | | | | | | 1 |
| | 11.9 | | | | | | | | | | | | | | | V | | 1 |
| | 11.3 | V | | | | | | | | | | | | | | | | 1 |
| | 12.7 | | | V | | | | | | | | | | | | | | 1 |
| | 12.21 | V | | V | | | | | | | | | | | | | | 2 |

| 年份 | 日期 | | | | | | | | | | | | | | | | | 次數 |
|---|---|---|---|---|---|---|---|---|---|---|---|---|---|---|---|---|---|---|
| 1944年（共8次） | 2.8 | V | | | | | | | | | | | | | | | | 1 |
| | 5.9 | | | | | | | | | | | | | | | | | 0 |
| | 6.6 | | | | | | V | | V | | | | | | V | | | 3 |
| | 8.8 | | | | | | V | | | | | | V | | | | | 2 |
| | 11.7 | | | | | | | | | | | V | | | | | | 1 |
| | 11.21 | V | | | | | | V | | V | | | | | | | | 3 |
| | 12.4 | V | | | | | | V | | | | | | | | | | 2 |
| | 12.19 | V | | | | | | | | | | | | | | | | 1 |
| 1945年（共2次） | 1.9 | V | | | | | | | | | | | | | | | | 1 |
| | 1.23 | | | | | | | V | | | | | | | | | | 1 |
| （共45次） | 總計 | 14 | 9 | 8 | 6 | 6 | 5 | 5 | 4 | 4 | 3 | 3 | 3 | 2 | 2 | 2 | 2 | 78 |

日佔時期的香港

## 十二、1942年12月主要慈善團體情況統計（所有錢碼以月出月入為單位）

| 團體名稱 | 現收容人數 | 可增額 | 財政狀況 |
|---|---|---|---|
| Tung Wah Hospital 東華醫院 | IP：500<br>OP：400 | — | E：¥10,000<br>R：（I）銀行儲備<br>（2）住院費（80%病人免費）<br>（3）嘗產租金 |
| Kwong Wah Hospital 廣華醫院 | IP：337<br>OP：350 | — | E：¥5,000R：¥1,875（住院費） |
| Po Leung Kuk 保良局 | C：225 | C：75 | E：¥2,100 |
| St. Paul's Convent 聖保祿嬰堂 | O：70<br>I：120<br>A/H：130<br>IP：60 | O：30 | E：¥2,730 |
| Italian Convent 意大利嬰堂 | I：43<br>C：35 | C：200 | E：¥500<br>R：嘉諾撒會補助 |

| | | | |
|---|---|---|---|
| Italian Sacred Heart Nursery 意大利聖心育嬰堂 | I：45 O：30 | I：15 | E：¥500 R：嘉諾撒會補助 |
| St. Francis Hospital 聖方濟各醫院 | A/H：53 | A/H：37 | E：¥1,000 R：梵蒂崗教廷補助 |
| Home for the Aged, Kowloon 九龍安老院 | A：170 | A：100 | E：¥1,000 |
| Kowloon City Home for the Aged 九龍城廣蔭院 | A：75 | A：25 | E：¥2,100 R：¥100 |
| King's Park (Arena) Orphanage 競技場（京士柏）孤兒院 | O：476 | O：400 | E：¥3,000 |
| Tai Po Orphanage 大埔孤兒院 | O：104 | | E：¥250 |
| Aberdeen Indusrial School 元港兒童工藝院 | C：70 | C：30 | E：¥1,600 R：（1）¥960 （固定） （2）¥700 （不固定、平均） |
| St. Louis Industrial School 聖類斯工藝學校 | C：52 | C：50 | E：¥1,200 |
| Precious Blood Society 寶血會女修道院 | I：60 | I：10 | E：¥1,800 R：（不固定收入） |
| Fanling Nursery 粉嶺育嬰院 | I：64 | I：50 | E：¥200 |
| Ebenezer Home for the Blind 心光盲女院 | H：45 | | E：¥400 |

| | | | |
|---|---|---|---|
| World Red Swas- tika Assn. 世界紅卍字會香港分會 | OP：160 | | E：¥1,250 R：（1）會員 -¥1,000 （2）收費 -¥2,000 |
| Eurasian Society (formerly St. John's Hall, HKU) 歐亞混血慈善社（前為港大聖約翰堂） | C： F：147 A： | C：53 | E：¥2,500 |
| Friends of the Poor 貧民之朋友 | AF：10 C：8 | AF/C：32 | E：¥140 R：（1）第三國人士 （2）收費 ¥100 |
| Holy Shroud Society, Stanley 聖衣會女修院 | O：15 | O：5 | E：¥1,500 |

C ── 小童　A ── 老人　E ── 支出（不包括外來的實物捐助）

F ── 女性　OP ── 門診病人　R ── 收入來源（不包括政府實物補助及公眾人士捐助）

I ── 嬰孩　IP ── 留醫病人　O ── 孤兒

H ── 傷殘者　1¥（MY）=4HK$（兌換率 1 元軍票（¥）對 4 港元）

## 十三、華民慈善總會補助撥配表

## （1942 年 12 月 -1943 年 12 月）

| 團體名稱 | 1942 年 12 月 | | 1943年6月 | 1943年10月 | 1943 年 12 月 競馬會補助 |
|---|---|---|---|---|---|
| | 基本津貼 | 增收名額的附加津貼，以每人每月軍票 7.5￥ | | | |
| Tung Wah Hospital 東華醫院 | —— | —— | （1943 年 8 月）20,000** | | 6,000* |
| Kwong Wah Hospital 廣華醫院 | —— | —— | | | 6,000* |
| Po Leung Kuk 保良局 | 500 | 525 | 800 | 800 | 3,000* |
| St. Paul's Convent 聖保祿嬰堂 | 500 | 225 | 500 | 500 | 1,500 |
| Italian Convent 意大利嬰堂 | 500 | 1,500 | 500 | 500 | 1,500 |
| Italian Sacred Heart Nursery 意大利聖心育嬰堂 | 500 | 112. 5 | 500 | 500 | 1,500 |
| St. Francis Hospital 聖方濟各醫院 | 200 | 277.5 | 300 | 300 | 1,000 |
| Home for the Aged, Kowloon 九龍安老院 | 500 | 750 | 500 | 500 | 3,000* |

| 團體名稱 | 1942 年 12 月 | | 1943 年 6 月 | 1943 年 10 月 | 1943 年 12 月 競馬會補助 |
|---|---|---|---|---|---|
| | 基本津貼 | 增收名額的附加津貼，以每人每月軍票 7.5 ¥計算 | | | |
| Kowloon City Home for the Aged 九龍城廣蔭院 | 100 | —— | 400 | 400 | 1,200 |
| King's Park（Arena）Orphanage 競技場（京士柏）孤兒院 | 1,000 | 3,000 | 800 | 800 | 5,000* |
| Tai Po Orphanage 大埔孤兒院 | 500 | —— | 600 | 600 | 2,000 |
| Aberdeen Industrial School 元港兒童工藝院 | 1,000 | 225 | 500 | 500 | 1,500 |
| St. Louis Industrial School 聖類斯工藝學校 | 1,000 | 375 | 500 | 500 | 3,000* |
| Precious Blood Society 寶血會女修道院 | 500 | 75 | 500 | 500 | 1,500 |
| Fanling Nursery 粉嶺育嬰院 | —— | —— | 500 | 500 | 1,500 |
| Ebenezer Home for the Blind 心光盲女院 | 400 | —— | 400 | 400 | 1,200 |
| World Red Swastika Association 世界紅卍字會香港分會 | 500 | —— | 500 | 500 | 1,500 |
| Friends of the Poo 貧民之朋友 | 100 | 240 | （結束） | | |

| | | | | | |
|---|---|---|---|---|---|
| Holy Shroud Society, Stanley<br>聖衣會女修院 | —— | —— | —— | —— | —— |
| Mt. Davis Home for the Blind Girls<br>摩星嶺盲童院 | —— | —— | 200 | 200 | 600 |
| Free Places for School Children<br>學生免費學位 | —— | —— | —— | —— | 3,500 |
| 總數 | 7,800 | 7,305 | 8,000 | 8,000 | 46,000 |

註：＊由競馬會指定發放的津貼

＊＊1943 年全年的整筆津貼，故不算入總數內。

# 十四、港九戲院

| 首輪 | 明治（娛樂） | 票價 45 錢 |
|---|---|---|
| 二輪 | 平安　東方<br>大華　利舞台 | 票價 35 錢 |
| 三輪 | 好世界　中央<br>景星　新世界 | 票價 25 錢 |
| 四輪 | 光明　太平<br>新東亞　香港<br>國民　北河<br>九如坊　國泰 | 票價 15 錢 |
| 五輪 | 明星　油蔴地<br>長樂　新華　紅磡<br>香島　和平　西園<br>旺角　第一新 | 票價 10 錢 |